Reader, Come Home:
The Reading Brain in a Digital World
升维阅读

[美]玛丽安娜·沃尔夫 著　陈丽芳 译
Maryanne Wolf

中信出版集团 | 北京

图书在版编目（CIP）数据

升维阅读 /（美）玛丽安娜 · 沃尔夫著；陈丽芳译
. -- 北京：中信出版社，2021.4（2021.8 重印）
书名原文：Reader, Come Home: The Reading Brain
in a Digital World
ISBN 978-7-5217-2453-0

I. ①升… II. ①玛… ②陈… III. ①电子图书 – 阅
读 – 研究 IV. ①G255.75

中国版本图书馆 CIP 数据核字（2020）第 248941 号

升维阅读

著　　者：［美］玛丽安娜 · 沃尔夫
译　　者：陈丽芳
出版发行：中信出版集团股份有限公司
（北京市朝阳区惠新东街甲 4 号富盛大厦 2 座　邮编　100029）
承 印 者：北京楠萍印刷有限公司

开　　本：880mm × 1230mm　1/32　　印　　张：8　　字　　数：160 千字
版　　次：2021 年 4 月第 1 版　　印　　次：2021 年 8 月第 2 次印刷
京权图字：01–2019–4299
书　　号：ISBN 978-7-5217-2453-0
定　　价：55.00 元

谨 以 此 书 献 给 我 的 母 亲 和 挚 友

玛丽·伊丽莎白·贝克曼·沃尔夫（1920 年 6 月 20 日—2014 年 12 月 5 日）

目 录

第一封信

阅读是思维的金丝雀

每隔几段文字，菲尔丁就恨不得跳出来问：
你还在认真地读吗？
如今，我又一次召唤注意力精灵，
它正站在文字圣殿门口，沉默不语。

——比利·柯林斯

亲爱的读者：

我们的时代正在发生巨变，未来几代人都将受到影响。本书的所有信件是我发出的请柬，邀请你们和我一起去思考和阅读与阅读脑相关的一系列不可思议的议题。这样的思考会引发你、我、下一代人乃至整个人类认知的巨大改变。这将引导我们去洞察其他更加微妙的变化，看看自己是否不知不觉已经偏离了阅读的初衷。对于绝大多数人而言，这些变化已经悄然发生了。

我们先来谈谈一个极具欺骗性的事实——人类并非天生就会阅读。过去的10年里，这个事实激发了我对阅读脑的研究。通过学习获得读写能力是智人取得的最重要的后天成就。以我们目前掌握的情况看，还没有其他物种具备这种能力。学会阅读为人类大脑的“操作系统”增加了全新的回路。这个漫长的过程促进了大脑的发育，从根本上改变了大脑神经回路的连接结构，并将大脑的神经回路重建，改变了人类思维的性质。

我们的阅读内容、方式和动因都极大地改变了人类思维的方式，而思维变化的速度正日益加快。在短短的6 000年时间里，阅读成为人类个体智力发展和整个人类文化变革的催化剂。阅读的质量不仅体现出思维的质量，阅读本身也成了推动人类大脑进化、拓展思维的途径。阅读脑的发展、人类大脑进化和迭代过程中发生的日益加快的变化意义重大，需要我们保持关注。

只要审视一下自己，我们便能感受到这一点。也许你已经发现，随着人们越来越多地在屏幕前和在其他电子设备上阅读，注意力的变化越来越明显。你可能很想让自己沉浸在心爱的那本书中，却突然感到若有所失，心中莫名惆怅。你如同被截肢的人有了幻肢感。你依然是一位读者，但面对屏幕和电子设备时，再也不能在书中纵情驰骋想象力，再也找不到当初全身心投入阅读的感受了。而儿童在面临不间断的干扰以及外界刺激时，更难将注意力集中在阅读中，也难以将阅读体验和大脑已有的知识储备融合。这意味着孩子们在阅读过程中发展类比和推断能力的根基动摇了，他们的深度阅读能力的发展也受到了遏制。即便是在年青一代中，也有越来越多的人只读所谓的“必读书目”，有些人更是以篇幅太长为由拒绝深度阅读，年轻人的阅读脑正在改变，却没有引起绝大多数人的重视。

在我们几乎全然过渡到数字文化的过程中，人类大脑的改变之大远远超出我们的想象，这正是人类历史上正在发生的创新、发明和发现大爆炸的附带结果。在阅读本书所有的信件时，如果我们能留意阅读脑正在发生的进化，预见到未来短短数年内将以多种方式呈现的变化，欣喜和警惕必然如影随形。这是因为与以往因沟通方式改变而产生的文化变革相比，从基于读写能力的文化到数字文化的转变更加彻底和激进。与过去不同，我们已经掌握了辨别阅读和思维方式可能会产生何种变化的科学和技术，只是还未能充分理解其后果，也没有来得及认可并普及这些科技。

无论我们是以更加妥善的电子模式阅读，还是以人与科技结合的替代方式来阅读，只有充分认清现实，我们才能在新时代构建正确的理论根基，改进技术以弥补其固有缺陷。了解不同形式的阅读对认知和文化的影响，对下一代阅读脑的形成有着深远的意义。依据目前的条件，我们有能力改变年青一代及下一代的孩子们阅读脑的神经回路，提升他们的智慧，拓展他们的视野。

因此，我盛情邀请诸位读者来聆听我对阅读和进化的阅读脑的想法，你们都是我的朋友，在进入我的大脑思绪前，带着同样的期盼和欣喜，来和我探讨阅读的意义。我先来讲一讲阅读对我个人如此重要的原因。坦白说，孩提时代的我虽然学习了如何阅读，但从未想过阅读这个词的真正含义。就像进入仙境的爱丽丝一样，我一头扎进书中，童年的大部分时光，我都有幸在阅读的海洋中徜徉。后来我长大成人，也没有想过阅读是什么。我不过是在阅读中偶尔成了简·奥斯汀所著《傲慢与偏见》中的伊丽莎白·班内特、乔治·艾略特所著《米德尔马契》中的多罗西·布鲁克、亨利·詹姆斯所著《一位女士的画像》中的伊莎贝尔·阿切尔。而陀思妥耶夫斯基描绘的阿列克塞·卡拉马佐夫、由托马斯·曼塑造的汉斯·卡斯托普，以及《麦田里的守望者》中的霍尔顿·考尔菲德，让身为女性的我过了一把当男人的瘾。每当我拿起书来，我总能暂时离开位于伊利诺伊州埃尔多拉多市小镇的家，以满腔的热忱和复杂的思绪去远方探索，这样的领悟是远超我自己的想象的。

即使到了研究生阶段主修文学的时候，我也没有仔细思考阅读这个问题。我习惯了凝视文字，思考里尔克所著的《杜伊诺哀歌》每一行诗中隐藏的画外音，进入乔治·艾略特和约翰·斯坦贝克的小说世界，在阅读中体验让自己耳聪目明的欣喜，也承受作者的意图呼之欲出时读者觉醒的焦虑。

只可惜一开始我做得并不好，饱尝苦果，也颇感惭愧。毕业时，我参加了美国和平志愿者协会项目，与一群实习老师共同前往夏威夷郊区支教，但当时的我还不知道如何成为一名好老师。每天，我都和24个可爱的小孩子一起学习。我在孩子们的眼里读到了初生牛犊不怕虎的自信，我对他们的喜爱之情溢于言表。我们每天过得无忧无虑，直到一个此前被忽略的事实点醒了我：如果我能教会他们识字，让他们不再重蹈他们的一些家人因不识字而无法主宰自己命运的覆辙，我肯定会改变他们的人生轨迹。直到那一刻，我才开始深度思考阅读的真正意义，而这也改变了我的人生。

如果这些孩子没法借助读写去了解并融入文化，他们的人生会怎样？这让我豁然开朗：他们是不会体会跨越文字的屏障，徜徉在阅读海洋中的喜悦的。他们也不会发现《恐龙帝国》中的史前世界以及《哈利·波特》中的霍格沃茨魔法学校，没有机会了解魔幻色彩浓郁的中土世界[①]，也不会知晓暗潮涌动的彭伯利庄园[②]。如果没有能力阅读，他们也许一辈子都不曾纠结“我心再大，怕还是装不下这万千世界”。如果不会阅读，他们就无法体会在见证神火之盗[③]和马蒂尔德[④]这些人物的成长时自己获得的力量，也就无法相信“英雄不问出身，小人物也能逆袭”的道理。最可惜的是，他们可能永远无法透过文字去接触不同的世界，也无法体会思想碰撞带来的无限可能。我突然意识到，这些我教了一年的孩子们，如果他们没有学会阅读，就无法充分发掘人生的无限可能。

从那一刻起，我开始热切地思考阅读是如何改变我们的人生轨迹这个问题的。只是当时我不知道文字具有深度的再生属性。无论是从思想上还是从生理上，文字都能推动新想法的诞生。这个问题不仅影响了我们的下一代，也在影响整个社会。而我当时并不知晓阅读与超凡复杂的大脑结构有关，大脑具有不断自我超越、突破本身构造设定的视野和语言极限的潜能。深入阅读本书的各封信件，你就会发现现在的我对此有了更清醒的认识。为此，我修改了我的人生计划，热爱文字的我转而研究阅读和文字如何影响人生这一奥

---

① 中土世界，托尔金在《魔戒》中创造的世界。——译注

② 彭伯利庄园，出自简·奥斯汀的《傲慢与偏见》。——译注

③ 神火之盗，出自雷克·莱尔顿创作的青少年奇幻小说《波西·杰克逊与神火之盗》。——译注

④ 马蒂尔德，出自莫泊桑的《项链》。——译注

秘。我想了解人类是如何学习文字、使用书面语言的，是如何借此为自己和后代的智力发展带来巨大的优势的。

我很少感慨往昔。在怀阿卢阿教孩子们读书，已是几十年前的事情了，这些孩子已经长大成人，很多已经为人父母。因为他们，我成为一名认知神经学家和研究阅读的学者。更具体一点儿说，我研究人类阅读时大脑的活动，关注一些孩童和成年人为什么会有阅读障碍。造成阅读能力差异有多种因素，有可能是外部原因，比如孩童的成长环境不利于阅读能力的培养，也有可能是生物学原因，比如大脑负责语言构造的部分有所差异。人们对于阅读障碍的理解，也一直存在误区。这些是我的其他研究方向，本书只简单提及。

这些信的重点内容与我针对阅读脑的另一个研究方向有关，即阅读脑天生的可塑性及其对人类超凡的影响力。十几年前，我所著的《普鲁斯特与乌贼：阅读如何改变我们的思维》（*Proust and the Squid: The Story and Science of the Reading Brain*）首次谈及阅读脑神经回路的可塑性及其重要意义，从神经科学的研究角度探讨了阅读对人类发展的重要贡献。我写此书的初衷是通过描述人类读写能力的发展史，提供一个理解阅读障碍的新的概念框架：阅读障碍源自负责语言功能的区域与众不同的构造，而这种独特的构造往往是创意的来源。人们一直忽视阅读障碍者独特的大脑神经回路，因而造成了脑力资源的极大浪费。

我在写书的过程中，竟意外地发现阅读本身是会产生变化的。作为一名认知神经学家和发展心理学家，我发现在我和大家的眼里和手中文字正悄然发生着变化。在长达7年的时间里，我不断研究闪米特人的手稿、希腊字母表，分析在忙于研究时我自己的大脑的成像数据。完工后，我抬起头看着周围，感觉自己竟成了作家欧文笔下的里普·万·温克尔。我花了7年的时间来描述在接近6 000年的历史中，大脑是如何学会阅读的，以及我们本来以读写能力为基础的文化如何转变成完全不同的数字文化。

这真是让人意想不到。于是，我重写了那本书前面有关阅读和思维发展的历史，从古希腊口述文化向书写文化发展的过渡入手，来审视当前我们从文字文化到数字文化的过渡。感谢我的同事古典主义学家史蒂夫·赫什的点拨和指导，我得以轻松地领会这两种过渡的对照关系。但是要用我们对当前专业阅读脑的研究来预测人类未来大脑的适应能力，却绝非易事。于是，这项工作于2007年暂停。而我以学者的视角来解读阅读改变人类思维能力的过程，力图阐释其中原委的行动也告一段落。

当年几乎没有人对数字型阅读脑的形成开展过任何研究。当人们每天花费六七个小时埋头苦读电子书籍的时候，大脑会发生怎样的改变？无论是以儿童还是成年人为研究对象，都没有人针对这一问题开展过重大研究。我深知阅读可以改变大脑的机制，了解大脑本身的可塑性使其能受到诸如特定的书写系统等外部因素的影响（如英语和汉语对大脑的影响就很不一样）。以前的脑科学研究学者，比如沃尔特·翁和马歇尔·麦克卢汉，他们会专注于不同媒介的阅读（如对比图书和电子设备的屏幕）对具有可塑性的大脑神经回路的影响。而我之前却没有关注到这方面。但我在写完《普鲁斯特与乌贼》一书时，我的观念发生了改变。数字媒体自身的特点会对阅读脑的回路产生巨大的影响，尤其是年轻人的大脑。这个观点一直在我的头脑中萦绕，挥之不去。

人类的文字素养具有非自然的文化根基，这意味着年幼的读者天生不具备发展阅读脑神经回路的遗传机制，这是我首先要澄清的误解。阅读脑的神经回路的形成和发育受到自然和环境因素的影响，包括识字能力的习得和发展所使用的媒介。每一种阅读媒介在认知过程中都有其独特的优点。换言之，年幼读者的脑神经回路可能发展所有深度阅读的机制，形成高度精密的专家级阅读脑；当然，初学者的大脑也可能碰到阅读脑短路的情况，难以培养起深度阅读能力；或者阅读者也可能按照与常人的脑神经回路不同的方式进行阅读，形成新的脑神经回路。人们阅读和思考的方式大相径庭，主要取决于幼年时期主导阅读脑神经回路形成的模式。

那么摆在我们面前的问题就更加明确，也更难回答了。在新世纪数字时代成长起来的孩童和成年人，在获得数字媒体强调的新的认知能力的同时，基于纸质媒介更耗时的大脑认知模式，还能继续发展吗？比如，整日沉溺于数字形式的阅读，日常获得各种数字体验，包括社交媒体和虚拟游戏的经历，是否会阻碍我们形成更耗时的认知机制，从而使我们失去深度阅读所必需的思辨、自省、想象力和同理心？儿童不断被干扰的注意力，顷刻间能获得多种信息来源，两者并存是否会破坏孩子构建自身知识储备或辩证思考的能力？

换个说法，年青一代日益依赖知识互联这种现象，会威胁他们自幼儿时期起用来构建自身的知识储备和不断发展的个人想象力吗？这些新技术能为我们提供最完善和绝妙的纽带，来连接错综复杂的认知与想象力，从而使儿童进入超乎我们想象的新的知识世界吗？在这种时代背景下，儿童的脑神经网络是否会与我们的脑神经网络产生巨大的差异？如果答案是肯定的，神经网络的差异又会如何影响我们整个社会？个体读者能否像人们掌握外语一样形成不同的阅读回路？

从认知学、语言学、生理学和情感方面系统地审视不同阅读媒介对于阅读的神经回路的形成和发展所产生的影响，是人类——无论是儿童还是成年人——保持自身思辨能力的最好基础。我们必须理解当前专家级阅读脑意义深远的认知贡献，在此基础上给脑神经元增加新的认知和知觉维度。对于专家级阅读脑的形成和保持，我们不能走极端，靠非此即彼的方法来满足下一代人的需要。其中涉及的问题也不能仅靠区分纸质媒介和技术媒体之间的差异来解释。诚如未来学家胡安·恩里克斯和史蒂夫·加兰在《自我演化：非自然选择和非随机突变如何改变地球生命》一书中阐述的那样：我们在进化的过程中做出的选择更多是靠人性驱动，而非物竞天择的结果。只有当我们停下脚步来正视重大变化背后的含义时，我们才能明确这些选择。我之所以用与读者对话的形式，主要是想通过这几封信为大家营造一种氛围，使人们静下心来思考，在阅读脑发生不可逆转的巨大变化前了解问题、解决问题。

用这种传统的书信方式来阐述时刻在变化、关乎未来的一系列问题，颇有些反直觉的意味。这种做法与我本人既是读者又是作者的经历有关。人们读信，会边读边思考。幸运的话，写信人与读信人之间会开展非常有意思的交流，即马塞尔·普鲁斯特所说的无须远离书桌就能与远方的人开展饶有兴味、别开生面的交流。我幼年时便读了奥地利诗人里尔克的《给青年诗人的信》，受该文体的影响颇深。随着年龄的增长，我发现最让我有感触的不是诗人里尔克的措辞，而是他利用信件表达了对与自己素昧平生的年轻诗人卡卜斯最深沉的关怀。我敢肯定的是无论是里尔克还是卡卜斯，他们在通信的过程中，互相成就了彼此。这样的写信人和读信人之间的互动，可以说是读者和作者关系的最佳范本了！我希望我和诸位读者也能如此心意相通。

我深受伊塔洛·卡尔维诺的《新千年文学备忘录》一书的影响，尽管卡尔维诺在书中提到的备忘录远远超越了书信的传统概念（此书没有完稿，实乃我们的损失）。书信和备忘录这两种体裁的应用，体现了卡尔维诺以极具亲和力的口吻畅谈诸多思想深刻的话题的初衷。卡尔维诺之所以这样做，无非是为了使更多的读者免受沉重话题的压迫，避免使读者不堪重负。书信的言辞恳切，不仅能让读者对诸多亟待解决的问题了然于心，更能让读者在轻松的氛围中体验不可言喻的共鸣感。我说，你听，无须熟读便能精思，随意自在却能倾心交谈。

奇妙的是，我有幸这样与读者交心已有一段时日。在《普鲁斯特与乌贼》一书出版后，我收到了来自社会各界读者的来信。他们有文采斐然、一心关心读者阅读的学者，也有对在波士顿教学医院实习的医学院学生忧心忡忡的神经外科医生，还有一些为应付州立考试不得不阅读《普鲁斯特与乌贼》部分节选的中学生。他们直言不讳地告诉我，得知我对年青一代阅读现状忧心忡忡，实在让他们感到意外。而我得知这些信息后，则深感欣慰。这些信件表明一本有关阅读历史和科学的书引发了人们对于诸多现实问题的思考，也传递了对一些现象的警示。读者来信中反复提及的苦恼和忧虑，让我更加谨慎从容地拟定本书各封信的主题，也让我更有信心以信为媒，向诸多读者表达我之所思所想。

尽管本书每一封信的撰写都离不开我以往的研究工作，尤其与我近期发表的文章和著作紧密相关，但我希望我能有所突破。第二封信涉及的研究内容最为广泛，但笔调最为轻松，主要是有关阅读脑现有研究的综述。我希望能阐明阅读脑神经回路的可塑性是人类思想日益复杂的决定因素，同时说明大脑神经回路变化的原因和方式。第三封信我会从读者的同理心和推断力出发，借助思辨分析，提出个人见解，从而带领各位追寻构建深度阅读的本质。以这些信为基础，我们将进一步研究具有可塑性的大脑神经网络如何反映多种阅读媒介，尤其是纸质媒介和电子设备屏幕的特征，并理解当今人们阅读的方式。

阅读脑可塑性的影响极为复杂且深远。我们阅读的方式和内容与我们书写的方式和内容之间的关联，对于当今社会的发展至关重要。新千年是信息爆炸的时代，人们恨不得退回到只读简单易懂、密集度低、无须太费力便能消化的信息孤岛上去。平日里，各种信息扑面而来，自以为如此就长见识了，但这种错觉往往让人忽略了一个事实：我们未必能辩证地审视复杂的现实。本书第四封信将直接剖析这些现象和问题，阐述民众赖以生存的分析及思辨能力悄无声息地快速萎缩的严峻现实。

本书第五至八封信中，我以卫士自居，表达了对未来一代孩子们阅读问题的关注。我担忧的问题包括阅读在孩童智力、情商和伦理道德感的形成和培育过程中的作用，而童年时光应有的童趣也在渐渐远离，这也是让人担忧的一点。许多孩子的家长，包括父母和祖父母，提出了这样的疑问：人应该认识什么？人应该做些什么？人应该希望什么？这也可以被归结为康德的三大问题，在本书第六至八封信中，我针对这些问题提出了我对此的设想。总结之后，就形成了多媒体阅读脑计划。

为完善多媒体阅读脑的开发和培养计划，本书不会给出任何非此即彼的二分法。当前，我的研究在向一个重要的方向拓展，即为提升所有人的读写能力而努力，我倡导并支持改进数字平板电脑的设计，从而推动全球的文字扫盲工作，尤其是为那些出身贫寒或者无法读书的孩子们创造学习条件。别误会，我不是反对数字革命。事实上，我们有必要通过增进对不同阅读媒介影响力的认识，来推动对孩童们深度阅读能力的培养，这一点至关重要，无论他们生长在哪个地方，无论他们的主要阅读媒介有何不同。

所有这些信件都是为了激励读者去独立思考这些重要的问题。最后一封信中，我将要求读者思考在当下不断变革的时代如何成为真正的读者，思考阅读在社会中的重要作用。我所说的“优秀的读者”，不是指人们解码语言文字信息的能力有多强，而是与普鲁斯特所说的阅读行为的核心一脉相承的观点：了解并超越作者的智慧，同时发现自己的智慧。

要成为一名出色的读者，没有捷径可走，但我们可以不断努力，助推自己成为一名优秀的读者。亚里士多德曾经说过好的社会有三种生活方式：创造知识和生产力的生活、享乐的生活（这与希腊人热衷闲逸的人生理念相关）以及沉思的生活。阅读的生活也可以是一种很好的生活方式。在最后一封信中，我阐述了好的社会应该能体现亚里士多德提到的三种生活方式。但是，沉思的生活却在我们当下的文化背景中受到了威胁。从神经科学、文学和人类发展的视角来看，我认为，阅读的生活才是下一代人为适应我们现在无法想象的独立生活方式所必需的思想基础。首先要培养大脑在阅读中兼容并包、解放思想，才能在当前的数字时代中具备独特的洞察力和思考力，这大概是我们在面对层出不穷、旨在使生活更加便捷的各种数字科技时，应对认知和情感变化的最佳办法。

因此，在本书的最后一封信中，我以完全个人的立场告诉读者我们是否具备在创造知识和生产力的生活中，在享乐和沉思的生活中，成为一名好的读者的素质。如果我们丧失了思考人生的能力，也就丧失了让读者自主自立的家园。在审视这些问题的过程中，我认为在未来社会中，我们必须通过开发和保护阅读脑的思考维度，来保持并传承人类的集体智慧和同理心。

库尔特·冯内古特将人类社会的艺术家比作矿井中的金丝雀。金丝雀警告矿工矿井下的危险，艺术家警示人性面对的威胁。阅读脑就是我们思维中的金丝雀。如果我们对阅读脑中出现的警报视而不见，那肯定是彻头彻尾的大傻瓜。

也许你未必对我提出的观点表示赞同，我对此也能理解。与圣托马斯·阿奎纳一样，我认为分歧能促进各方共同成长。这是我撰写本书各封书信的第一个目标。希望这本书能成为我们彼此沟通思想、智慧碰撞、互相成长的桥梁。我写本书的第二个目标是为读者提供必要的证据和信息，帮助大家理解我们在为子孙后代创造未来时所拥有的各种选择。第三个目标则与普鲁斯特对他的读者的期望相同：

> 对我而言，读书的人不能算作作者的读者，而是殷切的自我解读者。我的书顶多就是一面放大镜……我愿为读者提供自我解读的方法。

本书作者

第二封信

阅读脑中的马戏表演

天高地远，不及大脑之容；
若要比一比，
能心怀天下者，
必也能容下你。
海纳百川，不及思想之深；
若要量一量，
不可斗量者，
不可丈量之。
大脑之智，之于上帝之重；
若要称一称，
一磅一磅地比，
若有所不同，
也不过是语言和声响的不同。

——艾米莉·狄金森

亲爱的读者：

艾米莉·狄金森是我最喜爱的一位19世纪美国诗人。我一直很喜欢她的诗作，却对她的生平没有过多关注。她在马萨诸塞州阿默斯特主街的二楼窗户以诗人的独特视角，写了很多有关大脑及其神奇之处的诗歌。在她说“倾诉实情，然则有侧重”时，她可能未必就知道大脑神经回路的构造。但与19世纪的脑神经科学家们一样，狄金森本能地感受到大脑的认知范围可能比天还广，大脑的奇妙潜能使其不断超越自身，开发出超乎想象的功能。

不久前，神经科学家戴维·依格曼提到，将大脑的细胞联系在一起的神经网络十分复杂，人类的语言已经无法对其进行详尽描述，需要新的数学模型来表示……哪怕只有一个立方厘米的脑组织，其内部复杂的连接也堪比银河系中各大恒星之间的关联。正是这些令人惊叹的无数大脑神经回路让我们的大脑能超越其原始功能，形成一个全新的阅读回路。这样多元的神经网络回路之所以存在，是因为阅读并不是一种天生就有的机制。相反，它是一种人类的文化发明，已经存在了近6 000年。与任何物种的进化时间相比，人类阅读的历史相当于时钟嘀嗒之间的工夫，但整套阅读的技能却在改变我们大脑的能力方面至关重要，它正在加速我们物种的进化，在推动人类进步的同时，偶尔也产生不利的影响。

构建阅读脑

大脑的构造有极强的可塑性，这是第一条原则。最让我惊讶的不是大脑各种复杂的功能，而是大脑能超越原始的生理功能（如视野和语言），开发出完全未知的能力（如阅读和计算能力）。为此，大脑通过关联甚至重新分配原始的基本功能，开发出新的通路。这就好比请电工给老房子重新铺设电路，以便安装新的现代化照明电路。电工不用多想，大脑就能自行创新，知道如何重新连接电路。在学习新事物的时候，人类大脑不仅会重新安置其原来的各个部分（如承担复杂的视觉和听觉等本质功能的结构和神经元），还能将其附近现存的神经元群妥善重新配置，从而适应大脑完成新功能的特殊需要。

然而，重新配置的神经元组与新产生的神经元组具有相似的功能，这并非巧合。正如巴黎神经科学家斯坦尼斯拉斯·迪昂所指出的那样，大脑会回收甚至重新利用神经元网络，以获得与新神经网络在认知或感知上相关的技能。这是我们大脑在极限范围内具有可塑性的绝佳例子。

大脑产生新的神经网络的功能使我们能够学习处理各种任务，完成丰富多彩的活动，从制造第一个车轮到学习字母，再到边听酷玩乐队的音乐边发送推特动态信息。在完成这些活动时，大脑并不具备预先设定的标准，也没有特定的基因来发育出脑部特定区域的功能，这其中涉及大脑皮质新的文化创造。因此，语言有规则，但阅读不像语言那样遵守特定的模式。阅读能改变大脑，认识这一点非常重要，但这个过程并不简单。

与阅读不同，口头表达能力是人类最基本的能力。人类具有专门的基因，无须太多外在的支持，就能让人自主地开发语言，以及通过语言理解和思考的能力。人们因应用的需要而发展语言的本能，这在世界上任何地方都是类似的。因此，不论在什么地方，只要将孩童置于典型的语言环境中，他们就能在不需要任何额外辅导的条件下学会说这门语言。这简直是一个奇迹。

但是，阅读能力与口语表达能力的发展有所不同。诚然，人类有涉及基本口语和视觉的基因，脑神经网络重组后能发展阅读能力，但这些基因本身不是针对培养阅读能力而设计的。人类必须去学习如何“阅读”。这意味着人类必须具备帮助我们发展、关联并分配的一系列基本和非基本的脑神经元，如此大脑才能形成自己独特的阅读神经网络。

我要在此强调一下，没有阅读的基因蓝图，就没有理想的阅读神经回路，而只有千差万别的阅读神经回路。与语言的发展不同，阅读神经回路是不存在的，这意味着阅读脑神经回路的形成受制于多种变化的因素，与读者特定的语言要求和学习环境有关。比如，中国人以汉字为基础的阅读脑神经回路与认识字母文字的阅读脑是不同的。儿童、老师和家长常犯的一个严重错误是认定阅读是人自然产生的能力，只要孩子做好准备，就能像学会说话那样学会阅读。但事实并非如此。我们大多数人必须学会阅读的基本原则，它们并非天生，而是在文化中培养起来的。

好消息是大脑因为其基本的设计，能从容地帮助人后天习得多种本领。人脑的最佳设计准则——神经可塑性说明了阅读的有趣之处，旧的神经元互联，现有的神经元再利用，随着时间的推移对现有的神经网络进行扩展或者细化。可塑性也说明了阅读脑通路是天生可延展的（阅读可交换性），受到多种外在关键因素的影响，包括特定的文字系统和阅读内容、阅读的方式（如纸质和电子屏幕等阅读媒介及其影响）、阅读习惯的形成（接受的阅读指导）等。人脑的可塑性允许我们根据环境因素的需要来增加并拓展或者简化现有的神经元通路，这才是问题的核心。

第二大准则与20世纪中期心理学家唐纳德·赫布的贡献有关——他对细胞如何形成细胞组或细胞集合进而负责特定的功能做出了贡献。阅读中，每个神经网络结构的神经元工作组，如视觉和语言功能的细胞组都会学习如何实施一些高度专业化的功能。这些专门的神经元工作组使我们可以在短短*n*毫秒的时间内，看出字母最微小的特征或者识别出语言中最小的单位，即音素。

更具体的一点，且同样重要的一个准则是细胞特化使得每个神经元工作组在自己特定的区域内，以及与其他神经元群的关联中都能自动发挥功能。换言之，为了能让阅读发生，神经网络能在区域水平以声速自动运作（脑部特定结构，如视觉突触被称为区域），以保证整个人脑结构的扩展（如将视觉突触与语言区域相关联）。因此，每当我们命名一个特定字母时，就是在激活视觉突触上某个特定的神经元群，该神经元群对应神经网络中负责语言的细胞组，而负责语言的细胞组则对应特定的言语驱动细胞组，所有这些反射都在毫秒内发生。当人们全神贯注甚至只是随意阅读某个字母，并理解对应的意思时，大脑神经网络的工作就会变得比上述过程更加复杂。

从本质上而言，以上三大基本准则都证明了一个不容置疑的事实：阅读的神经回路将左右脑的输入整合起来，它们各包含4个脑叶，分别是额叶、颞叶、顶叶和枕叶，以及大脑的5层结构（从最上面的端脑以及与之相邻的间脑，到中间层的中脑以及下层的后脑和末脑）。有些人认定我们只是利用了人脑的一部分，相信这个古老谣言的人肯定没有意识到人类在阅读时，脑神经通路的运作机理。

表演开始了

当下的变化对我们具有可塑性的阅读脑产生了多方面影响，从整个社会层面来说，我们需要深入探析阅读的神经回路问题。即使人们对此仍有疑问，也要试着去了解。我们每读一个单词，阅读脑中将同时发生多项活动。为了直观地表述这一点，我们可以用太阳马戏团的演出来打个比方。三场表演同时进行，演员们表演各种超凡魔术和杂技，绝对是太阳剧团级别的表演。在神经科学家兼艺术家凯瑟琳·斯图德利的帮助下，我也希望让读者体验一下这种经历。

从穹顶向下俯视

假设你站在大型马戏团顶部的木桩上，俯瞰下面的景象。从有益的角度来看，阅读的神经回路的形成与在太阳马戏团上正在发生的多场演出是一样的。但在阅读脑的多维表演中，将会有5个表演组，共同演绎我们在阅读一个单词时所经历的多种活动。为了研究的需要，我们现在可以只考虑左半脑发生的事情。而且我们看到的是慢动作，这一点很重要。这可以保证我们在面对近乎完全自动的眼花缭乱的表演景象时，保持清醒的意识，而不至于眩晕。

我们先集中注意力来看三场互相交叠的较大型表演，然后再看看与它们相连的两个小表演。三场大表演中展现了决定视觉、语言和认知的三大区域，代表了与新的阅读脑神经回路相连的原始人脑区域。而其中一个较小的场地则代表了运动功能，指表演者的言语功能和短时间内处理问题所需要的其他大脑功能。不出所料，这一处不仅与语言区域相连，还与认知区域相连。另一个本来与语言和认知相连的场地，却包含着情感的功能，能够将我们的感觉与认知、语言关联起来。现在，我们再来看一看左边闪亮的玻璃盒，这里面的每个重要演员都在执行非常重要的任务。这个玻璃盒可以说是人脑区域的个人执行中心，与注意力、记忆力、假设、决定等相关的各种活动都发生在前额皮质。

我们想象一下，这些主要的场地是提前植入大脑区域的，这些区域包括人脑的不同皮质（见图2–1，斯图德利绘制的令人敬畏的大脑结构图——阅读脑的皮质）。视觉场地占用了左半脑的大量枕叶和右半脑的少量枕叶，至少对于我们的语言系统而言是如此。与语言场地和认知场地一样，视觉场地结合了中脑和小脑中的区域，自动协调其所有活动。与字母阅读系统的视觉需求相比，中文和日文书写系统更多地使用右半球的视觉区域来处理读者需要记住并联系概念的字形，这对视觉处理的要求更高。

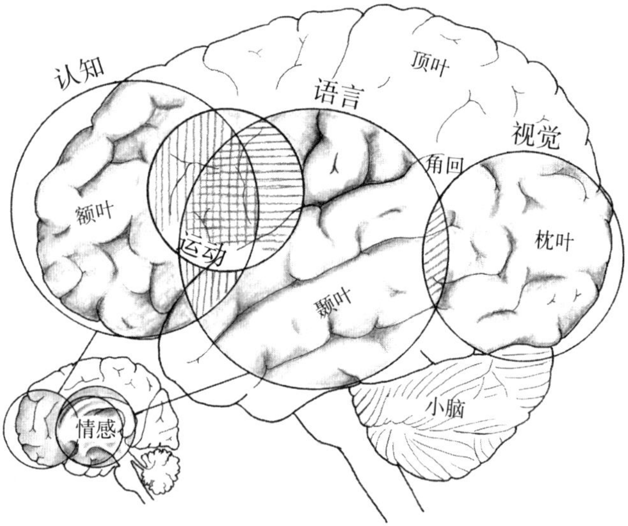

图 2–1

语言场地占据广阔的领域，跨越左右半脑多层皮质，特别是与视觉区域相邻的顶叶和颞叶，以及与运动区域相邻的额叶区域。同理，认知场地和情感场地（其中一些网络形成于间脑，或大脑皮质正下方大脑的第二层）与语言区域也有很多重叠的地方。

上述各个区域的诸多部分彼此靠近，也有很多重叠，其对应的功能紧密关联又彼此独立，生理结构决定其功能。各区域的景象代表了我们对于英语文字阅读脑神经回路的初步认识。

注意力焦点

现在，我们仔细看一下当我们阅读某个英文单词时，各个场地的情况如何。当大脑接收了某个单词的指令时，这个单词投射的不完全影像闪过大脑的顶层，正好与我们眼睛接触单词的速度一致。我们需要快速转移注意力来跟踪由前额叶控制区打开的几道聚光灯。人脑的注意力系统和聚光灯类似，在我们打开灯前，不会有任何“演出”活动。但我们要知道聚光灯也有许多种类型。人脑也需要具备分配多种形式注意力的能力，来完成阅读涉及的多个步骤。我们用眼睛看到一个单词之前，需要人脑集中注意力来完成相关的大脑活动，且保证用不同形式的注意力来付诸行动，但很少有人了解这一点。

第一类聚光灯是注意力集中系统，它们能快速完成三个任务。首先，它们帮助我们从原先注意的事项中脱离出来，这发生在我们大脑皮质的顶叶（最上层的端脑）。其次，它们帮助将我们的注意力转移到眼前的事物。移动视觉注意力的行为发生在中脑深处。（即中脑或第三层）。最后，它们使我们集中新的注意力，提醒整个阅读神经回路该准备采取行动了。最后这个阅读前集中注意力的步骤发生在皮质下方的一个特殊区域——丘脑，该区域作为大脑主板位于左右半球的间脑或第二层。

为了真正启动贯通阅读脑神经回路的活动，我们还需要一组更加具体的“聚光灯”，由两个前额叶控制注意力系统来调度这个关键系统，去管理认知领域中的所有活动。而且，它从一开始就将我们的感官信息保存在工作记忆中，这样我们就可以整合不同形式的信息，且能不断追踪到这些信息。正因为如此，人们才能完成心算、记住电话号码、背诵单词和表述完整的语句等活动。注意力系统与各种记忆之间存在着极其紧密的关系。

视觉场地

在完成注意力的初步引导之后，令人惊讶的事情发生了。我们一直翘首以盼的行动马上就要开始了！在我们的视网膜前，每只眼睛似乎都看到两个骑着自行车的人，他们骑着巨大的独轮车，穿着鲜艳的演出服。这些剧团表演者即将穿过整个大脑中的通路，从眼睛的视网膜一直到大脑后面区域（枕叶）的最远处。每只眼睛所见的演员同时开始表演，但是很快就在一个X形交叉点（视交叉）上分开，看起来像是铁轨的交会点。此刻，4组演员分开，其中一组骑车人反向穿过大脑的多层路径到达左右脑半球后面的视觉区域。这样的组织方式意味着每只眼睛都将一组骑车人送到自己这边的脑半球。这是一个精湛的设计，证明人类具有很大的进化优势。考虑一下：即使我们只用一只眼睛看，人脑的两个半球也可以为我们提供必要的视觉信息。

这4组骑车人肯定会在途中停下歇息，但他们仍不可阻挡，一鼓作气以闪电般的速度传递着信息。在短短的50毫秒内，骑车人会将信息传递到枕叶中的一个特定区域（被称为视纹状体皮质），这个区域因有6层交替的白质和灰质产生的条纹而得名。

在骑车人到达这个皮质区域的第四层后，他们呈扇形散开（见图2–2）。突然，整个枕叶中的视觉区域都被激活了。来自骑车人的信息迅速转移到一群看起来模糊的微小球状物上……它们就像小胳膊和脚上长了眼睛一样。一群勤劳的小球体迅速将骑车人的信息识别为一组字母，并立即将该信息传递给皮质较深区域中的相邻球状物上，在鉴别了信息后，认证它们是真实的、获准传递的字母。另外一群小球体通过迅速捕获组成字母的特征（曲线、圆圈、对角线等），认定这个单词应该就是“轨道：t+r+a+c+k+s”。

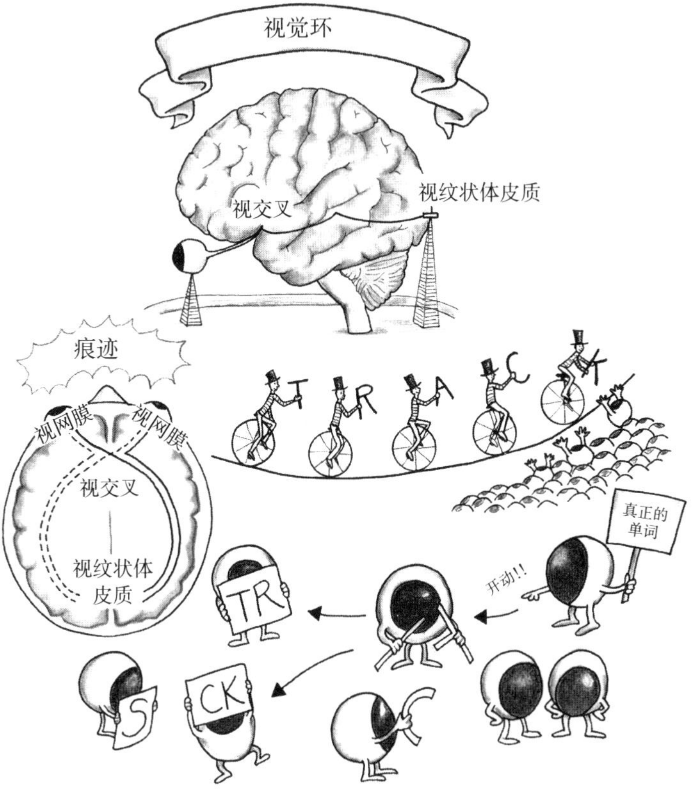

图 2-2

几乎就在第二群小球体识别出这是一个单词并由多个字母构成的同时，其他多组特化的神经元立即被激活，有些只处理单独字母，有些去寻找这些字母组合的规律，比如tracks中的ack和tr等字母组合。还有些小球体负责分辨单词中最常用的有意义部分，即词素（如英语单词中的诸多前缀、后缀和名词复数形式等）。显然，视觉场地的每个工作组都有自己的特定区域，能快速对这些视觉信息做出反应。我们不禁注意到，有些小球体看起来平静无趣或没有被调用起来，在我们看到眼前所见的单词时，几乎没有被激活。而有些小球体只识别出最常见的单词，例如“停止”（stop）和“高频词”（sight words），不需要其他视觉神经元的进一步分析就能分辨其含义。其他神经元显然致力于完成其他视觉功能。

显然，骑车人能够快速而精准地找到确定视觉信息特定字节的神经纤维小球所在的位置。在这种神秘的现象背后，还有一组绝妙的设计准则（视网膜的组织和表现），这其实不足为奇。在视网膜的组织过程中，视网膜中高度分化的神经元可激发视觉区域对应的特定神经元。这就好比骑车人有了自己独特的GPS（全球定位系统），迅速定位正确神经元的能力使其能够极度精准和快速地传达信息。在阅读单词中的字母时，大脑必须要在长期的进化和发育过程中，学会建立神经元之间的关联。

人脑具有表达字母等图案，即思考和重新呈现的能力。专家级阅读者的视觉皮质充满了各种字母、字母组合规律和单词部分（如构成词根、前缀和后缀的词素等），甚至是常见单词的图示。我们一开始很难想象，这些图示在我们的神经网络中占据着一定的位置。即便我们没有看见一个字母，只对其进行想象，与该字母对应的视觉皮质的图示也会快速被激活，就好像我们真的看见了这个字母一样，这就是马戏团帐篷里发生的事情。因为视网膜得到了组织，视觉皮质中相应的神经元建立起了网络，能够即刻处理来自视网膜细胞的视觉信息。

我们从进化角度来看，这些极其高效的脑活动组织原则具有重要的意义，也因此保证了人类祖先在文字出现和阅读活动兴起之前得以生存。只要想象一下早期的人类祖先能快速辨别天敌踪迹的这种能力，我们就能明白这一点。人眼视觉成像功能使人们能快速识别出火。每个新读者在阅读字母和文字时不断循环的视网膜皮质映射，与古代祖先或者现代文盲脑部的皮质映射大不相同。阅读脑针对识字和不识字人群分配视神经系统任务时是有所区分的，在不识字人群的身上会分配视觉相似但功能不同的任务，比如识别物体或者人脸。这就为我们展现了一个典型的例子：当大脑学会阅读时，它会将原来用来判断物体和人脸细微特征的神经网络重组并分配新的任务，以此来辨别单词和文字存在的细小特征。

语言场地

让我们回到马戏团这个比喻。当语言场地的若干新神经元群开始运作时，我们见证了奇迹的发生。这里举例的单词是spring（春天）。所有正在飞行、旋转的演员都在语言场地内跳跃，这一区域与视觉场地相邻，正是枕骨和颞叶相交的区域。可以肯定的是，视觉信息（字母）与单词基于声音或音素的正确信息的快速连接需要多个神经元群的合作，之后将这些信息与所有现存的与spring一词有关的意义和联想进行关联。

英语中大约有44个不同的音素（具体数量取决于不同地区的方言），在马戏团帐篷中可以由在不断动态扩展的语言场地中的44个活蹦乱跳的小演员来代表。与即将准备比赛的小马驹一样，这些身材矮小的表演者已经准备就绪，人们在阅读时，会将他们中的一些人与t+r+a+c+k+s这些视觉伙伴联系起来。由于英文中已存在字母组合，我们注意到一些演员看起来很像连体双胞胎或三胞胎。他们混合在一起发出英文中常见的声音，这里讨论的track一词中的tr就属于这一类。似乎使用最频繁的声音在语言场地中更具有优势，它们很活跃，似乎时刻准备着去参与某些比赛。

这一切都是有原因的。在人脑左半球的视觉区域，我们看到控制区似乎突出显示了哪些字母或字母组被选中的概率更高。显然，专家阅读脑的运作不是靠运气，而是基于概率和预测，而这些概率和预测又是基于背景和先验知识。有了来自前额区域的初始指导信息之后，当相应的音素演员与对应的视觉演员的输入匹配时，马戏团里就会沸腾起来。单词track只是一个信号，大型烟花秀马上要开始了！

在整个马戏团帐篷里都可以感受到愉悦的气氛，语言和认知场地中的全新表演者也加入了进来。翻筋斗的杂技演员跳到这个词的前面，每个人都代表着各种有趣的含义，“动物的踪迹”“运动轨迹”，还是“铁轨”？杂技演员的灵活本领令人着迷，从一种常见含义拓展到另一个不经常使用的单词，再到一连串其他可能相关的单词，如“泪痕”（tracks of tears）、“音轨”（audio tracks）、“学校的田径赛道”（school tracks）、“一门心思”（死脑筋）（one-track-mind）、“眼球追踪”（eye tracking）和“轨道照明”（track lighting）等。

这些基于语义的解释似乎还不够，跨越语言场地和运动场地的杂技演员们笑嘻嘻地问，动词track的用法要不要考虑一下？这样就增加了更多可能性。人们以前对运动场地知之甚少，因此观众集体发出了赞叹声。在那里，一群生机勃勃的哑剧演员整装待发，准备表达这个词，或者用肢体表演出来。演员们打算移动腿部和手部的肌肉来模拟这种活动（而不是靠控制嘴唇、喉部和舌头肌肉的神经元），具体取决于这个单词表示的是动作还是更抽象的含义："追踪动物"（tracks an animal）、"追踪犯罪"（tracks a crime）、"跟踪数据趋势"（tracks data trends）以及"追踪飓风"（tracks a hurricane）等。

在旋转的杂技演员和哑剧演员的背后，可以看到数百个其他杂技演员和哑剧演员，所有人都在同一个语义内。其中有一些非常靠近语言场地，准备着在获得传输信息的毫秒内靠相关的词语和概念跳进该区域。有些词语之所以出现，只是因为它们听起来跟tracks很像［例如，"对待"（treat）、"电车"（trams）、"火车"（trains）、"技巧"（tricks）］，或者具有类似的韵脚［例如"包"（packs）、"麻袋"（sacks）、"缺乏"（lacks），甚至是"蜡"（wax）］。

认知场地和情感场地

接下来，我们的注意力要从语言场地的表演转移到别处。衣着华丽的杂技演员们在头顶上来回跳跃，将我们的潜意识直接提升到尚待开发的区域——记忆区域，于是，我们进入了语言场地和认知场地重叠的区域。随着杂技演员在头顶上来回飞舞，我可以听到他们在低声问我们track这个单词的其他应用情境，这是我们之前没有想到的。儿时的情景再次回荡在脑海中，一辆小火车在铁轨上前行，绕过山丘，我嘴里嘀咕着："我可以的，我可以的。"还有一辆在铁轨上运行的蓝色小火车叫托马斯小火车。在另一幕中，一些肌肉发达的大人劈开圆木，用作铁路上的枕木，看起来像是19世纪的场景。（见图2–3）

图2–3

孩提时代的感觉与这些脑海中的图像一并涌现出来，情感场地也开始生出与这些积极思想和单词相关的各种情感。不仅孩提时代的感情涌现出来，认知场地上的演员也变得更加瞩目。我们看到一群穿白衣服的人，用惊恐的双眼盯着一位长着黑头发、拿着红色手袋的俄国美女。这可是安娜·卡列尼娜，她这是打算卧轨自杀吗？随之而来的是不忍、同情和哀伤等情感，这些感情从情感场地中涌出，很快这一幕逐渐退去，我们的注意力随之转到了别处。

这时出现了一个非常不寻常、近乎幻想的幻影，栖息在一个叫作角回的区域上。该区域在枕叶、颞叶和顶叶的交界处，位置非常关键，并且整合了来自枕叶中的视觉场地、颞叶和顶叶中的语言场地和认知场地的多项功能（参见图2–1）。穿着燕尾服的大人物不说话，看起来像是马戏团领班或列车长这类人物，整合信息并选择单词的多个通道供我们使用。

无论指令来自大人物，还是来自前额区域，或两者的结合，认知场地的灯光都变得暗淡了，似鬼魂般的安娜的声音也从我们的视线和意识中消失。大脑中没有明确的信息让我们锁定在安娜这个形象上，虽然我们能感受到其中的绝望、不甘和忧伤。此刻我们意识到，我们已从之前的多个场景中获得了与track有关的多个单词的信息，且这些信息依然停留在我们的脑海中。正如认知科学家戴维·斯文尼多年前就强调的那样，英语词语包含多种意义，哪怕是特定的情境和具体的意思都已经确定，也能引发丰富的关联含义、记忆和情感。

在这种片刻的回忆中，我们开始欣赏人脑可存储和检索单词的多层次设计之美：每个单词都可以引申出无数关联和长期存储的情感历史。事实上，你刚刚目睹了阅读脑如何在半秒钟内激发诗人和作家等努力寻找完美的词汇的过程，即努力找寻非常恰当贴切的单词的过程。福斯特曾经热情地说：要用激情去写作。

我在这里给大家上了一堂假想的脑神经元回路和网络运作机制的入门课，最后再次回顾一下阅读脑的内容。我请大家看的并非慢镜头回放，而是在400多毫秒内跨越左右半脑发生活动的情况。这样迅捷的神经元连接实在匪夷所思。一开始从右半脑的视觉区域传递到左半脑，各种活动在多层大脑皮质上被激活。最后，在脑活动最终结束的时候，我们看到了右半脑的多个区域与联想出track这个单词的多层含义相关。我们的感知到此为止。我们的眼球无法快速地跟随脑神经回路的运作，也难以理解当下的信息传输的时间和位置。这一幕倒像是紧密的脑神经元回路无缝连接的表现，将一系列闪烁的灯紧密地连接成网络。实际上，阅读脑的神经回路连接方式有很多，数量堪比银河系中的星星。

阅读脑神经网络的最后景象表明前馈和反馈控制系统的活跃程度与线性系统是一样的。事实上，上述的比喻极好地表述了我们阅读时在视觉、语言、认知、运动和情感上发生的所有未知情况。我们站在马戏团帐篷的顶端，被这种阅读行为涉及的惊人变化衬托得十分渺小，而大多数人却对此习以为常。

我希望各位读者千万不要对此想当然。我希望你要知道每当你读一个单词的时候，就激活了成千上万个脑神经元群。刚才的例子就表明了这一点，一个单词就能激活我们大脑中如此多的神经元。

想象一下，当我们阅读由多个单词构成的一个句子，或者尼古拉斯·克里斯汀写的散文、艾德丽安·里奇写的诗歌、安德莉亚·巴雷特写的短篇小说，以及雷·杰肯道夫撰写的有关语言的著作、迈克尔·德尔达撰写的文学批评等时，那将出现怎样的情形呢？经过多年的研究，我逐渐明白了我们在检索某一个单词的信息时阅读脑中发生的一切。也正因为如此，我惊叹于自己每阅读一行字时要激发的最深邃思想，以及由此带来的脑神经回路的复杂运作。

本书的第三封信将告诉你深度阅读脑对文字的理解，无论是从文学还是从生理角度来看，都可能失之偏颇，但这种情况是可以改变的。

本书作者

第三封信

深度阅读正在消亡吗？

阅读从其本质上来讲，是在孤独时展开饶有兴味、别开生面的交流。我们深刻地感受到作者的智慧馈赠。对此，有人说是机缘，其实这种说法无非影射了一点，除了自我创造智慧之外，我们无法从他那里获得真理。作者智慧的终点，恰是我们智慧的起点。

——马塞尔·普鲁斯特，《论读书》

亲爱的读者：

你已经了解到阅读一个单词能激发大脑的多条神经通路。在第二封信中我们看到，辨别一个单词可能要调动多个神经元，需要跨越大脑的多个区域，经过大脑的五层信号传输。现在我不再要求大家只分析一个单词track了，而是在一个更加复杂的语境中对这个单词进行解码并理解，如下文所示。

他的爱悄无声音，只对她和追随者保留。爱过无痕，永不消逝。

如何理解一个句子

如果我去写一本小说，我也会这样遣词造句。作者希望读者不仅要用眼睛读，而且要用心读。我在塔夫茨大学的同事吉娜·库珀博格和菲利普·霍尔科姆擅长使用各种脑成像技术，包括功能磁共振成像技术（fMRI）和事件相关电位（ERPs），去发现研究对象在读完上述文字后，大脑发生了怎样的变化。你将了解到为了理解这句话表达的多种深层次含义，你的脑神经网络的扩展过程。例如，我们在读track这个单词时，大脑会在多个基于语言的区域内发生“N400反应”。在大约400毫秒的时段内，脑电波给出的电信号反映了大脑受到的震撼。这些大脑区域内的异常电波反射，是因为我们在阅读“track”一词时经历了突发的思想活动，即人们读到了关于该词的始料未及的含义。看似只有5个字母的单词，却触发了我们对于英语单词含义的比较、匹配和联想。读句子时，如果读者不确定单词的含义，大脑就得停顿一下，尤其在面对如此有深度的句子时，我们希望理解整句话，对于言外之意，读者需要自行理解。因为一个单词有不同含义。对于这类语句，其整体含义不只是对每个单词的简单堆砌，阅读脑神经回路反映了被激活的过程、激活的时长和对应的神经元位置。

阅读任何一句话时，大脑所经历的不是知觉和语言活动的简单叠加，也不是人们分别阅读20个单词所涉及思维活动的机械组合。正如安迪·克拉克所认为的，人们阅读句子甚至更长的文字时，实际上是进入了新的认知领域。在这个领域中预测和感知活动交汇，预测甚至要先于知觉，并为知觉做好准备。我们阅读任何句子前，大脑已有的背景信息储备使我们能够更快地识别每个单词的视觉形状，因而在新情境下能更快速而准确地理解它们的含义。我觉得这真的很神奇。对专家级的读者而言，需要快速处理并关联低水平的知觉信息（调用阅读回路前面几个场地）。只有这样迅捷的速度才能不断地使读者在高水平的信息处理中持续理解并得出结论，为阅读下一个单词做好准备。

这些交互过程的认知之美在于其推进了包括知觉和理解等一切思维活动的速度。识别前一个单词能够帮助我们筛选接下来可能碰到的单词，这样就能加速知觉的过程，这就是吉娜·库佩伯格所说的积极预测。我们用智能手机打字时，智能手机会根据以往的信息输入进行积极预测。当然，机器预测偶尔会出错，甚至闹出笑话。预测的词汇有多种来源，部分来自我们对刚读过的内容的工作记忆，部分来自我们储存的关于背景信息的长期记忆。在认知、语言和深度阅读过程中涉及的大脑交互过程能够加速我们的理解，因为这种交互性使我们利用预测的方法而非所读到的20个单词的信息总和来提升阅读速度。

阅读句子或者文本的效果取决于我们分配给深度阅读过程所花费的时间，不取决于阅读的媒介。这本书中接下来要讨论的问题，包括数字文化、儿童和下一代的阅读习惯，以及思考能力对个人和整个社会所起的作用，都取决于形成了深度阅读的脑回路所需要分配的时长，这一点至关重要。没有人能保证，在深度阅读中究竟需要分配多长时间来调用相关的大脑活动。无论是孩提时代培养深度阅读的能力，还是终生保持深度阅读的习惯，情况都是如此。人们需要花费多年的时间来构建深度阅读的脑回路，从整个社会层面来讲，我们需要关注下一代，提醒自己培养孩子的深度阅读能力。自认为是专家级读者的我们也必须要时刻注意，要集中注意力把更多的时间分配给深度阅读，以便大脑神经元的信息传输能持续数毫秒时间，使信息传输到达更多的突触，形成积极的思维反射。

打开通向自己的一扇窗

如何判定一个人的深度阅读能力？

下面我们来阅读著名遗传学家、人类基因组项目负责人弗朗西斯·柯林斯在阅读《圣经》时的体会。

> 找来一本《圣经》，读一读《创世记》1：1至2：7的所有内容。若你想要了解这部分文字的含义，只能翻阅原文，别无他法。
>
> 在争论了2 500多年之后，没有哪个人敢说自己真正理解《创世记》第一章至第二章的内容。《圣经》的含义，有待人们继续去解读。但是说科学启示是在对抗宗教信仰，这种提法就失之偏颇了。如果上帝创造了宇宙及其运作的法则，如果上帝赋予了人类以智力来辨认这些法则，难道上帝会要求人类摒弃这些能力吗？

我想你不费吹灰之力就能读懂上述第一段内容。但第二段内容读起来可能就没那么容易了。你很有可能以下面某一种方式来阅读：要么下一番功夫仔细阅读《创世记》，从而推敲柯林斯有关科学和宗教信仰的阐述，要么直接走神读不下去了。阅读这两段文字的时长也有所差别，既让人在毫秒间审视自己的阅读方式，在当下，从基于文字的传统文化转向基于屏幕的数字文化转型时所面临的困境。

威廉·斯塔福德在一首诗中说，当人们深入文字表面之下，从认知的多个层面不断思考诗歌本身的独特含义时，“读者就得到了高质量的关注”。这种高质量的关注决定了我们在读到弗朗西斯·柯林斯的文字时，只能采取两种阅读方式——要么深度探索，要么直接走神。这正是我们在社会层面要正视的重大问题，其答案有待探索。如果我们不刻意集中注意力，在利用定期推送，即时信息分享，多任务快速切换，不断有外在干扰这样的媒介进行阅读时，我们的注意力质量是否会受到影响？

作为一名科学家我关注的问题是专家级的读者，在经历了若干个小时甚至数年习以为常的屏幕阅读后，在阅读篇幅更长、难度更高的文本时，能否保证将注意力分配给更加关键的神经回路，从而调用相关思维活动？从以纸媒为基础的文化转型到数字文化，我们阅读时的注意力效果是否会发生不可逆的改变？注意力的效果是我们思维的基础。面对这样的转型，我们的认知会面临怎样的挑战？这些转变又有哪些可期的前景？为了理解在此过程中的得失，我想直接切入问题的核心，通过审视深度阅读所涉及的多种脑神经活动，理解专家级阅读脑神经回路被调用的过程，从而揭示深度阅读的功能。这里所说的深度阅读不是指列出阅读书目，深度阅读所涉及的人脑活动也不可能预设或具备特定的顺序。深度阅读或能唤醒大脑，引人联想，发人深省，或偏重分析，或推进语言。根据阅读类型的不同，阅读脑神经回路将涉及多重复杂的过程，且呈现动态串联，彼此的输入信息都会相互贯通，到达并激活人脑特定的区域和环路。无论调用的顺序如何，无论到达哪些大脑区域，终将打通相应的回路。约翰·斯坦贝克在《伊甸园之东》中描述了一位年长的男仆，他曾对自己照看的小孩说：光明终将到来。

深度阅读激活人的想象

> 句子是什么？我们在思考其字面意思的时候发现，句子本身既实现了表达，也禁锢了思想。我们依靠句子思考，也跳不出句子的局限。可以说，句子是可以感受得到的思想，是一种被感知的思维模式。
>
> ——温德尔·拜瑞

意象

温德尔·拜瑞将句子概括为一种可感知的思想，是深度阅读具有引发想象功能最有力的证明：阅读时，我们的大脑具备形成图像的能力。我们如何做到这一点？艺术家兼作家彼得·门德尔桑德强调，我们在阅读时看到的东西有助于我们与作者共同创造意象。在一些小说中，我们可以通过与作者的代言人共同创造意象。我们在阅读小说和非小说类文章时，会以叙述者的视角去理解情节和文章。有一位小说家这样描述阅读时经历的身份转变和思想传递：你打开一本书，作者向我们讲述其中的故事，展现在眼前的是一个陌生或熟悉的世界，足以加深读者对人生的理解。因此，当你读到马克·吐温对哈克贝利·费恩的描述、艾丽丝·沃克对西莉的描述，或斯科特·菲茨杰拉德使用尼克·卡拉威的声音描述杰伊·盖茨比时，这些角色都能在现实中找到原型。你和作者一起用能引人共情的文字共同构建出意象。

下面我们以一部扣人心弦的短篇小说为例来说明。欧内斯特·海明威曾与他那些不羁的作家朋友一起打赌，朋友说海明威肯定无法用六个字写出一个故事。海明威接受了这个挑战，并诞生了这部六字小说。海明威赢得赌注并不奇怪，令人惊讶的是，他竟然觉得这个故事是他最好的一部作品。他的想法没有错。他用最少的单词，唤起了最强大的视觉形象，这样的唤醒过程是我们在深度阅读他的长篇作品时也会经历的。来看看用六个字写成的故事。

转卖：婴鞋，全新

很少有哪部只有六个字的作品让人如此细思极恐。我们本能地断定这双鞋不曾被穿在新生儿的脚上。我们可能用意识之眼看到一双孤零零的小鞋的图像，鞋上可能还有精巧的鞋带，显然没有婴儿穿过的痕迹。这样的意象给人忧伤的格调，直接唤醒读者的背景知识，从而推断“转卖：婴鞋，全新”这则消息背后的玄机。与此同时，读者还会用自己的知识储备、图像和推理转换视角。各种情绪，不请自来。是悬念？是忧伤？不一而足。

海明威用这简洁的六个字为我们构建了引发个人多种情感的景象：读者会惋惜小主人公没有福分穿这双鞋，甚至因此感到悲伤，接着，难掩自己未曾遭遇此类悲剧的侥幸，感慨之后，又有莫名的负罪感，甚至希望自己不再有更深的感怀。很少有作者会有如此巧夺天工的笔触，惜字如金地让我们体验无端绝望的情境。当然，我在这里探讨的不是这个记者出身的作家的文字功底，而是作者的文字激活了读者脑海中的意象，让我们能有充分的空间去揣摩推断文字背后的思想以及他人的感受。

同理心的形成

> 只有互联。
>
> ——福斯特

理解他人的观点和感受，是深度阅读对人的思想和观念最具深远意义的影响，但这个过程并不为人所熟知。普鲁斯特认为阅读是一个人在孤独的时候开展的饶有兴味、别开生面的交流，这说明了阅读体验是一种私密的情感体验，能培养一个人在不离开自己熟悉的世界就能与人沟通、感同身受的能力。这种通过阅读传递的能力——身在眼前，心却能到达远方——让隐居不闲、遁世不闷的艾米莉·狄金森在马萨诸塞州阿默斯特主街的自在之所，写出了大量旷世诗篇。

叙事神学家约翰·邓恩将这种与他人相遇、理解他人视角的过程描述为阅读的过程。在这个过程中，我们通过同理心，进入他人的精神世界去感受、想象和思考：这种设身处地地转变从来都不够彻底，文字提供的经历不可能完整，只能是部分。读者不仅通过阅读来转变成为他人，还能在这种角色变化中获得反馈。这种描述非常恰当，读者正是从固有的局限性观点发展到用全新的视角来观察这个世界，进而拓展了自己的视野。邓恩在《爱之心灵》一书中拓展了普鲁斯特的见解：在孤独时进行奇妙的、有意义的沟通，本就是一种让人学会爱的方式。但人们却能在其中开展有意义的沟通，普鲁斯特认为这也是矛盾所在。而邓恩将这种矛盾视为一种无心插柳柳成荫的前奏，能让我们了解人性、理解他人的感受，由此改变我们对于自己和他人的认知。对于像约翰·邓恩这样的神学家和像任璧莲这样的作家而言，他们的作品都能展示小说和非虚构文学的阅读原则：阅读行为是人们自我解放，感受他人的经历和人生的独特体验。在阅读的过程中，能学着成为另一个人，感受其抱负、体验其疑虑和各种情感。如果没有阅读体验，你恐怕无法体会这一点。

一位戏剧老师曾在伯克利大学学习，在美国中西部工作，他的主要工作就是指导青少年表演戏剧。这位老师曾给我讲了一个故事，让我意识到阅读是能够改变人生的。一位美丽的13岁女孩来找他，说她想参加莎士比亚戏剧的表演。这本来是一个普通的要求，但是这个女孩的特殊之处在于她患有先天性囊性纤维化病症，可能时日不多。那位好心的老师给了这个年轻女孩一个演主角的机会，想让她体验生平从未有过的浪漫和激情。用那位老师的话说，这个女孩完美地诠释了朱丽叶。几乎只用了一夜的时间，她便记住了《罗密欧与朱丽叶》的台词。演出时，她简直成了朱丽叶本人。她不留痕迹的表演，让人觉得她曾扮演过这个角色上百次。

后来发生的事让所有人惊讶不已。她作为莎士比亚戏剧的女主角，演了一场又一场，每一次都演绎得情真意切，活灵活现。从她第一次扮演朱丽叶至今，已经过去了很多年。让人意外的是，她活了下来，她的存在成了一个医学奇迹。她考上大学，获得了医学和戏剧学的双重学位，她至今仍活跃在舞台上，在多个角色中不断丰富自己的人生。

我讲这个年轻女孩的故事，不是要强调强大的意志力可以克服身体的局限，而是说如果我们能活成另外一个样子，另一种人生的感悟将影响现实中的人生。当我们以最深刻、最沉浸式的阅读形式转变为他人后，会发生什么？戏剧让我们每个人都更清楚地看到这一点。我们希望他人来到我们的内心做客，有时我们也可以暂时成为其他人。在阅读的时候，我们的心暂时离开了自己，而当回归时，我们变得更加强大，在智力和情感方面都发生了变化。有时候，我们体验了日常生活所经历不到的，这简直是最好的馈赠。那位靠着戏剧表演战胜病魔的年轻女孩所经历的超凡人生就证明了这一点。

阅读给人带来的不仅是这些。理解他人的立场不仅能使我们用同理心去阅读，还能拓展个人的知识储备。这些习得的能力能够提升我们的人性。小时候，我们会阅读《青蛙和蟾蜍》，知道青蛙生病了以后蟾蜍的做法。而成年后，当我们阅读托尼·莫里森的《亲爱的》、科尔森·怀特黑德的《地下铁路》或者詹姆斯·鲍德温的《我不是你的黑鬼》，我们就能体验奴隶制度剥夺灵魂的丑陋面目，明白那些饱受奴隶制或其余孽迫害的人们心底的绝望。

阅读能够改变人的意识，我们从中体会到了什么是绝望或欣喜，以及被无言的感受吞噬的感觉。简·奥斯汀多部小说中的女主角在书中的思想活动，我不知道读过多少遍，比如爱玛，范尼·普莱斯，《傲慢与偏见》中的伊丽莎白·班纳特等。而柯蒂斯·西滕费尔德所著的《预科生》是伊丽莎白的现代版本。我所知道的是，跟随每个角色，我都在经历着他们的情感，这些情感帮助我理解每个人内心的矛盾。这样复杂的情感会让我们在人生不如意的情况下，不再觉得孤独，正如C.S.刘易斯在他的传记影片《影子大地》中所写的那样，因为读书了，才知道我们并不孤独。

如果我们足够幸运，我们可能会有机会对书中的人物乃至塑造这些人物的作者产生特殊的爱意。历史上曾有一位著名人物，他的做法就能说明一个读者对作者深厚的情谊。意大利作家尼古拉·马基雅维利为了更好地理解他所读的书的作者的意识，与他们更好地沟通，马基雅维利会穿着书中那个年代的衣服进行阅读。1513年，马基雅维利在给外交大臣弗朗切斯科·韦托里的信中说道：

> 我愿意亲自和他们（作者）交谈，询问他们书中人物行事的缘由。他们会热心地回答我的问题。就这样过了几个小时，我一点儿都不觉得枯燥。我忘记了一切烦恼。我不害怕贫穷，我也不惧怕死亡。我愿意把我的身家性命交付给他们，与他们倾心相待。

在这段文字中，马基雅维利认为深度阅读不仅能让读者从他人的视角理解问题，还能促使读者的思想飞跃，使他们从当前的生活情境中脱离出来，一起和作者体验无论时代如何变迁都逃不掉的重负：恐惧、焦虑、孤独、疾病、爱而不得、失去和被拒绝，甚至死亡。年轻的苏珊·桑塔格望向自己的书柜，她就有了“50位朋友，书是让我进入镜中世界的阶梯，我能从此处前去别处”。这些作者已经经历了阅读的交际维度，他们曾经通过阅读体验了不同时空的人生，无论是借助虚构的角色、历史人物，还是以作者的口吻，他们都帮读者在阅读中体会到了不同的人生。

然而，读者的这种体验阅读人生的自由却在当前的文化背景中受到了威胁。这一现象也引起了越来越多的人的关注。美国国家公共电台（NPR）摄制组在采访我时，就表达了对这个问题的担忧。如果我们逐渐丧失了让自己埋头苦读的认知耐心，不再从书中寻找知己，体验人生，我们的损失将是巨大的。虽然有很多其他方式能让我们体验别样的人生，不过要进入他人的思想世界，这种沉浸和转变的程度有着巨大的差别。那些从未有机会理解他人思想和感受的年轻读者，他们会有怎样的际遇？一些年长的读者，如果逐渐丧失了关注自己圈子以外的人的同理心，他们的人生又会有怎样的变化？这种无知、畏首畏尾和误解有可能导致一个人心胸狭隘、争强好胜，这与美国人最初对其多文化背景的定位格格不入。

被美国前总统巴拉克·奥巴马称为同理心写作大师的玛丽莲·鲁滨逊，在她的作品中总是表现出对共情的关注。奥巴马有一次去艾奥瓦州访问时顺便拜访了这位作家。两人促膝长谈，谈话内容无所不包。当时，鲁滨逊指出很多美国人倾向于把与自己政见不同的人视为异端。她认为这种现象可能会威胁民主社会的长久持续性。在描写人性的沦丧，以及描述恐惧会减弱人们捍卫自身价值观的能力时，鲁滨逊概括了读书的力量：阅读能帮助我们理解他人的立场，是帮助人们克服恐惧和无意识持有的偏见的良药。两人相谈甚欢，奥巴马透露自己是从阅读小说的过程中学会如何成为一名好公民：做人一定要有同理心，要理解这个世界的复杂多样。这个世界有很多灰色地带，也有很多真理尚待人们去发现。求真需要我们的努力，甚至是抗争。要明白，我们得多多与人沟通，尤其是与和我们自己意见相左的人开展积极的沟通。

在阅读中体验他人的生活，帮助奥巴马和鲁滨逊获得了有关同理心的真知灼见。阅读使所有人重新审视自己的判断力和他人的生活，强化了我们的同理心，帮助我们理解他人的立场。露西亚·伯林的短篇小说集《清洁女工手册》就是一部让我学会理解他人立场的好作品。当我开始读这部作品的时候，我认为书中的主人公——清洁工对于自己周遭发生的一切悲剧麻木不仁，直到我读到最后一句话，她说了句“我终于哭了”，这让我明白，自己之前构建的有关这个清洁女工的想法全部是错误的。在我发现了自己对阅读内容持有的偏见后，我立刻将之前所做的错误和迂回的推断抛到九霄云外。毫无疑问，伯林并非自作聪明，她只是希望随着故事的发展，读者能自己发现这一点。

詹姆斯·卡罗尔的著作《真正的基督：世俗时代的上帝之子》可以说是非虚构类作品中理解他人立场的典范。在书中，卡罗尔将自己的经历与一个年轻、虔诚的天主教男孩关联起来，这个虔诚的天主教男孩正在读《安妮日记》。男孩在阅读时，体会到了这位年轻犹太女子的故事，他产生了改变他自己人生的顿悟：尽管犹太人的暴力和仇恨最终使她家破人亡，但年轻女孩对生活的希望和热情从未泯灭，她一直坚守自己的信仰。

站在这位异国他乡的女孩的立场看人生，给年轻的詹姆斯·卡罗尔提供了体会他人人生的机会。卡罗尔在越南战争期间写作《美国悲歌》时，描述了自己与当将军的父亲之间的冲突。在《君士坦丁之剑》中，卡罗尔描述了犹太教和基督教之间的关系。他的每一本书都是关于人们需要在最深的层面上理解他人的立场，无论是在越南战争期间还是在德国的集中营中，都是如此。

在《真正的基督：世俗时代的上帝之子》一书中，卡罗尔借助20世纪初德国神学家迪特里希·朋霍费尔的人生和思想来强调人类若不能理解他人的立场，将会造成你死我亡的局面。朋霍费尔先是在讲台上讲述神学，之后在监狱牢房中写作，他描绘了当时大多数人难以理解耶稣是犹太人而德国人为什么迫害犹太人的可悲之处。卡罗尔在最后一部作品中提出疑问：历史上的耶稣将如何回应纳粹德国的灾难？他断言，若一个人无法支持犹太人，无法体验他们的苦难，就无法真正吟唱赞美诗或《圣经》中的诗篇。这一结论使这位德国神学家最终背弃了自己的宗教信仰，他甚至两次参与刺杀希特勒的行动，但未遂，最终他在集中营被希特勒的代表直接下令杀害。

我写此信之时，正逢数百万难民为躲避恶劣的环境，逃亡欧洲、美国或者其他可能给他们一条生路的地方。这些难民大部分都是穆斯林。而在写作当日，就有一名来自波士顿城的犹太少年在以色列被杀害，他刚刚高中毕业，本来计划好一年后上大学的。发展深度阅读的能力，未必能避免所有悲剧，但理解他人的立场能够给人们提供各种新的理由，去寻找和平解决问题的方法。如此一来，不管是无辜的穆斯林儿童横渡可怕的公海还是来自波士顿迈蒙尼德学校的无辜犹太男孩，虽然远在异乡，但他们不被无辜杀害的概率也会大大提高。

然而，令人不安的现实是我们很多人都不知道（我自己也是近来才发现），年轻人已经开始失去同理心，这实在让人感到意外。麻省理工学院的学者雪莉·特克尔描述了她和莎拉·康拉特在斯坦福大学的研究小组进行的一项研究。该研究显示，在过去的20年中，年轻人的同理心下降了40%，且在近10年的时间里，同理心的下降幅度更大。特克尔将人们失去同理心归因于沉迷网络世界，让我们失去了维系面对面人际交往的能力。在她看来，技术使人类处于一种被剥夺的状态，这不仅改变了我们作为个体的身份，也改变了我们彼此之间的关系。

深度阅读可能从某种程度上解决人们当下同理心明显降低的问题。但是请别误会：同理心并不仅仅是对他人同情的能力，其重要意义远不止于此。同理心能让人更加深刻地理解他人，这是人类在日益交融的多文化背景下，在互联世界中生存所必需的技能。认知神经科学的研究结果表明，我理解他人的立场综合了认知、社会和情感方面的过程，能在我们的阅读脑神经回路中留下充分的印记。德国神经科学家塔尼亚·辛格开展的脑成像研究拓展了之前人们有关同理心的概念，它涉及的是一个情感和思维互联的过程，将视觉、语言、认知与广泛的皮下层联系起来。辛格强调这个巨大的网络由高度互联的主导心智理论的神经元网络组成，位于脑岛和扣带回皮质中，其功能是连接人脑不断扩展的神经元。心智理论指的是使我们在社交互动中感知、分析和解释他人思想和感受的根本能力，我们可在孤独症谱系障碍中的许多个体中常见这种能力的发育不完全，而述情障碍的病理状态也表现为这种能力的丧失。辛格和她的同事认为，脑岛和扣带回皮质以及其他皮质和皮质下区域（包括整个运动皮质）存在大量神经元，特别适合同理心所需的神经回路通信。

阅读时大脑的运动皮质被激活，与其说这是具象的跳跃，倒不如说更像一种文字和皮质的飞跃。可以用安娜·卡列尼娜卧轨的形象来重构文字描述引发人的想象过程。对于那些读过托尔斯泰小说的人来说，随着女主人公的自杀，我们的脑神经元互联也发生了飞跃。你的大脑同时激活了运动神经元，告诉身体移动腿脚或者四肢。人脑的视觉、语言和运动的多个部分被激活，你对她的绝望感同身受，同时镜像神经元也发挥了作用，本能地推动读者去模仿安娜在绝望中做出的行为。

可能很多人对于镜像神经元知之甚少，但它们却在阅读过程中发挥着奇妙的作用。在一篇研究镜像神经元的有趣文章——《针对简·奥斯丁的大脑：18世纪文学》中，娜塔莉·菲利普斯与斯坦福大学神经科学家合作，研究当我们以不同的方式阅读小说时的区别——全神贯注和随手翻翻。（大家可以回忆一下柯林斯的两段文字。）菲利普斯和她的同事们发现，当我们仔细研读一篇小说的时候，读者会因阅读体验而激活大脑负责情绪和行动的神经元。若研究对象是文学系研究生，科学家发现，同样的专业级读者在全神贯注和随手翻翻时激活的大脑功能区不同，他们被激活的是运动区和触觉区。

埃默里大学和约克大学的神经科学家开展了相关领域的研究，发现脑部负责触觉区域（躯体感觉皮质）的神经网络在我们阅读有关质地的比喻时会被激活，而在我们读到有关动作描述的内容时，运动神经网络会被激活。因此，在阅读《包法利夫人》这本书时，当我们读到艾玛·包法利丝质的裙子时，我们大脑负责触觉的区域被激活，当我们读到艾玛从她的马车上磕磕绊绊地奔向她年轻善变的爱人莱昂时，负责运动皮质活动区域的神经网络会被激活，而脑部其他相关区域的神经网络也会被激活。

这些研究成果为之后日益兴盛的针对同理心和理解他人立场的神经科学研究奠定了基础。研究小说心理学的认知科学家凯斯·奥特利已经证明阅读小说与认知过程的活跃度之间高度关联，这种认知过程是同理心与心智理论的基础。人们阅读小说，理解情节，体验书中人物时，人生的各种情感和冲突一一得到体现。奥特利和他在约克大学的同事雷蒙德·马尔斯认为，在阅读小说的过程中扮演另一个人的角色，去体验其意识的过程和小说内容的本质，在此期间经历巨大的情感和生活冲突，不仅有助于培养读者的同理心，也为读者提供了社会科学家弗兰克·哈克穆尔德所说的道德实验室。在这种情况下，当我们阅读小说的时候，人脑会积极刺激神经元，形成“另一个人”的意识，在日常生活中我们别说体验这样的意识了，可能一生都未必知道其存在。这就使我们能够暂时体会成为另一个人是什么感受，有了属于另一个人的不同情感和思想。通过这些刺激体验，阅读脑的神经回路会变得日益复杂和精细，普通人可以通过这样的阅读改变自己的人生，领袖人物也可以做到。

小说家简·斯迈利认为很多人缺乏对小说的阅读体验，这是当下文化氛围使然。她说：“我认为技术本身不会让小说消亡……但是小说可能被边缘化，让人误以为可有可无……当这种情况发生时，我们的社会将会因为人与人之间缺乏相互理解，更加残酷和粗暴。”这让我们不寒而栗。我们要时刻记住：如果我们要为每个人建立一个更加完美的社会，构建阅读的人生对整个人类来说就有着不可替代的作用。

培养同理心需要知识和情感，需要我们抛弃已有的成见，将心比心，跨越时空，理解他人、宗教、文化。此刻，在人类的历史中，对他人的共情能力和认知可能是拯救当前冷漠文化的最好解药。德斯蒙德·图图大主教和弗朗西斯教皇都对社会普遍存在的冷漠表示关注。通过阅读培养同理心可能是我们与合作伙伴建立沟通的最佳方式，进而为人类构建一个更加安全的社会。在阅读脑神经回路这个特殊的认知空间中，傲慢与偏见将逐渐消除，取而代之的是对他人思想的共情和理解。

有关同理心和阅读脑层出不穷的研究表明将感受和思想连入每个人的阅读回路中具有生理、认知、政治和文化方面的重要意义。思想的高度取决于我们每个人具备的背景知识。

背景知识决定思想的高度

> 每个个体都是人生阅历、接触的信息和所读图书内容的综合。每个生命体都是一部百科全书、一座图书馆。
>
> ——伊塔洛·卡尔维诺

许多小学一年级的学生已具备解读海明威六字小说的能力。但是，他们缺乏相应的背景知识来推断文字背后的意义，也无法感受成年人在阅读这六个字时所经历的五味杂陈。我们一生的阅读经验会逐渐构成知识库。我们以此为基础，培养了理解和预测未来阅读信息和内容的能力。

说到每个人的知识库，我指的不仅是事实，虽然事实是知识库中非常重要的一部分。一些优秀的作家已经对阅读给人生带来的巨大裨益做了理论化的梳理。阿尔维托·曼古埃尔在《阅读史》中对深度阅读的核心要素进行了概括。他认为阅读是逐渐积累的。在曼古埃尔十几岁的时候，他在布宜诺斯艾利斯的皮格马利翁书店工作。在那里，曼古埃尔认识了皮格马利翁最著名的顾客——阿根廷著名作家豪尔赫·路易斯·伯尔赫斯。这位作家经常来这家书店，不只是为了寻找最新出版的书，也是为了找到自己书籍的新读者。伯尔赫斯50多岁时，视力逐渐模糊。他到书店里来寻找读者，雇用他们读书给自己听。曼古埃尔曾为伯尔赫斯读书，成就了两大著名作家之间最有趣的逸事——一个是世界闻名的文坛巨匠，另一个是文坛新锐。不久之后，曼谷埃尔也出版了自己的著作。曼古埃尔从伯尔赫斯的私人书库里学到了很多，体现在他后来撰写的每一本书里，包括《曼古埃尔论阅读》以及《夜晚的书斋》。这说明图书对于读者知识库的构建有着深远的影响。

通过阅读我们能获得独特的背景知识，曼古埃尔和伯尔赫斯的著作和个人经历为我们描绘了这一独特经历的重要意义。阅读的内容和阅读方式是我们关注的内容。进入21世纪以后，我们阅读的内容是否为我们提供了丰富的背景知识，从而让我们更好地满足新生活的需要，我们是否已经具备了足够的背景知识去构建阅读脑神经回路？我们社会中具有独特经历和内在背景知识的专家级读者正转变成日益依赖外在知识服务器的专家级读者。我想弄明白失去这些独特经历和内在知识源的成本和后果，同时也能弄明白随时拥有海量信息给我们带来的好处。

艾尔伯特·爱因斯坦说，我们的世界观决定了我们的见识以及我们的阅读选择。无论我们如何阅读，我们都得拥有查看和评估新信息的自主控制力。如果才华横溢的未来主义者雷蒙德·库茨威尔的观点正确，人类有可能将所有外部信息和知识源植入脑中。当前，这种技术的实现尚存在生理和伦理学上的诸多不可行性。具备内在的知识积累对于我们能否开展深度阅读和阅读的深度有着重要的意义，两者就像盐和餐桌的美食的关系一样，没有经历过无盐的情况，就无法领会其重要性。内在知识储备就是深度阅读的盐。过早和过多地依赖外部知识，将彻底改变阅读内容与知识储备之间的关系。我们得具备使用内在知识库来辩证地掌握新信息的能力，通过推理和批判性分析来解读这些信息。否则我们将变得日益脆弱，易于被操控，容易受到他人的蛊惑，容易被错误的思想牵制，我们甚至会把这些错误的思想误认为知识，甚至是智慧。更可怕的是，人们可能根本不关心自己读了什么内容，辩证地分析信息更无从谈起。

那么，应如何解决这种困境呢？答案就在背景知识和深度阅读相互作用的关系中。当你仔细阅读时，辨别真假的能力就会提升，将阅读的信息纳入自己知识库的能力就会变得更强。拉尔夫·沃尔多·爱默生在他著名的演讲《论美国学者》中描述了阅读和背景知识互相推动的作用。当思维有了积极思考和创意的翅膀时，我们阅读的每一个字都将闪耀着字面意思和言外之意的光芒。每句话都有了更重要的分量。在阅读研究中，认知心理学家基斯·斯坦诺维奇在此前针对单词储备扩展的认知发展研究也具有相似的发现。他认为在童年时代，善辞令者将拥有更加丰富的词库，而不善言谈者则会面临“词更穷”的局面。这种现象在《新约·马太福音》中被称为马太效应。背景知识的积累也有马太效应，爱默生演讲所说的阅读规律同样发挥作用。涉猎广泛的读者有更多内在知识储备推动阅读，知识面狭窄的读者具备的可推动将来阅读的现有知识储备则更少，这种劣势进一步削弱了这些读者在阅读中进行推理、演绎和类比的能力。如此一来，没有博览群书的人更容易认可未加确证的信息，无论是假新闻还是完全捏造的信息，他们往往不加质疑就接受。更可怕的是，无知者无畏。

无知者不自知，我们又何尝不是如此？

如果没有足够的背景知识来支撑深度阅读，深度阅读所需要的大脑活动将很少被调用。这就陷入了越来越无知的恶性循环，导致一些人永远无法走出他们现有知识的边界来接受新的信息。背景知识库的更新是人类知识更迭的前提。这里存在一个悖论，即绝大多数事实信息来源都是外在的，可能被操纵曲解，真伪无法被辨别。我们如何分析并应用这些信息，我们还会不会费心尽力地辩证分析判断这些新的信息，这些问题的答案将对我们的未来产生重大的影响。如果缺乏靠内在背景知识支撑的判定和评价，阅读就变成了无节制地接纳信息。不质疑信息的优先级、准确性以及外界信息输入的动机，无法判断这些信息本身可能就是偏见，这将是非常危险的。

我们需要确保人类不会陷入爱德华·坦纳所描述的陷阱中，如果先进的技术最终威胁到产生技术的人类智力，那将是一种耻辱。在近期的一次会议上，阿尔伯塔大学图书馆信息系统主任杰拉尔德·比斯利谈到了数字化转型对图书命运的影响：“目前的情况是无法解决的。在此之前，我们必须奋力捍卫图书的本质属性。”同理，我们也要保护读者的本质属性，利用自己的知识来辩证分析阅读的信息，再利用阅读扩充已有的知识库。

路易斯·巴斯德在一篇关于科学突破的著名陈述中说，机遇总是偏爱有准备的头脑。这种优雅的陈述轻而易举地描述了背景知识在构建深度阅读脑回路时的作用。阅读可以积累个人的背景知识，这些背景知识在深度阅读中发生新旧信息的交互作用，我们通过分析信息，确定利用哪些信息来扩充知识库，形成新见解和新思维。每个环节的无缝对接和切换，都需要大脑去伪存真，不断积累，不断分析，周而复始。

为了帮助读者做好准备阅读下文，我会以轻松的笔调完成本节内容，用科幻作家艾琳·戈恩有关星际旅行的小故事结尾。也许，读者此刻需要一些科学、技术、工程和数学方面的专业知识。

计算机，我们带电池了吗？

计算机……

深度阅读的分析过程

> 没有概念，就没有思想，没有类比，就没有概念……类比催生思维，是思维的火花。
>
> ——侯世达和桑德尔

用科学的方法开展深度阅读涉及很多思维活动。这类思维活动的典型特征与开展深度阅读所调用的复杂认知过程相同，并非巧合。为了追求真理——关于科学、人生和文本的真相，我们需要观察、假设、根据推理和演绎进行预测、测试和评估、解释和推论。在可能的情况下，人们需要不断重复实验，然后获得支持结论的新证据。在阅读开始的最初几微秒，我们会收集感知到的信息，融入观察活动中。认知科学家侯世达说：类比的推理为我们的所见和所知（背景知识）搭建了沟通的桥梁，推动我们形成新的概念和假设。这些假设指导大脑应用演绎和归纳等推断能力，并适时引导人们对我们所做的观察和推论进行批判性分析。在此基础上，我们可以解释之前的经历或体验。如果幸运的话，得出的推论将给我们带来新的洞见。阅读本身是一种科学，也是一种艺术。

阅读过程中会使用哪些科学方法，很大程度上取决于读者的专长和阅读的内容。如果我们阅读由帕尔马神经科学家莱昂纳多·弗加斯写作的关于运动系统中镜像神经元的科学文章，我们就需要评估文章提出的概念、假设和发现是否建立在确凿的证据上，是否使用了可以重复验证的评估方法，以及结论和解释是否与提供的数据相匹配。在这个过程中，我们使用类比、推理和分析等方法。阅读后，我们从弗加斯教授那里学到了很多东西，借此可以扩充我们的知识储备，应对未来的阅读。

类比和推理

如果我们正在阅读的是华莱士·斯蒂芬斯的一首诗，或者当代哲学家马克·格雷夫在《反对一切》中收录的一篇文章，我们很可能就会使用不同形式的推理，用更微妙的情感去阅读。如果读者想在阅读时揭示所读内容的多层意义，就需要使用类比和推理。格雷夫举了一个例子来探索人们完成日常活动——健身的目的。在阅读这个例子时，我也开始审视自己为何参与锻炼，有些理由显而易见，有些理由则比较牵强。但健身房不是作者要我们关注的重点。健身房的狂热爱好者的肌肉、汗水和吼叫，都不是让人开始锻炼的理由。健身房中有训练目的明确的达人，也有自得其乐的爱好者，运动的形式如何，目的如何，作者观点明确。这种定期审视日常健康的思考方式，能推演到对人生观的思考吗？我们又该如何度过宝贵的人生呢？

类比思想和推理如何帮助我们理解日益复杂的世界表象之下的一切，格雷夫以各种事例类比，似乎就是一个有力的例证。我们知道的东西越多，就越有能力进行类比，就越能用这些类比来推断、演绎、分析和评估过去的假设——所有这些都会增加和完善我们不断增长的内部知识储备。反之亦然，我们知道的东西越少，进行类比、推理和分析就越困难，更别说利用这些思维技巧来扩充已有的背景知识了。这种缺失将对我们现在和未来社会产生深远影响。

仔细观察、具备丰富的背景知识和积极开展类比推理，人们就能开展演绎法。夏洛克·福尔摩斯为我们提供了一个很好的例子。我们迷恋阿瑟·柯南·道尔爵士，主要的理由是他塑造的福尔摩斯出手不凡，能根据最普通的细节做出精彩的推论。在某个案件中，福尔摩斯看到一位教授右腿裤腿上有两根棕色短狗毛，左手有一道没有愈合的划痕；衣领湿漉漉的。这位教授为何衣冠不整？下午4点从剑桥到伦敦的单程票根的一角为何会出现在他胸前的口袋里？他为什么撒了三次谎？首先，他明明多次在多雨的剑桥火车站附近出现，却三缄其口；其次，关于自己在凌晨4点案发时的行踪，他又闪烁其词；再次，他肯定曾经在看到不幸的受害者和她同样不幸的棕色短毛杰克罗素㹴，但也不承认。杰克罗素㹴是一种可以不停地大声吠叫的犬种，可能它的叫声是致其不幸死亡的原因。

福尔摩斯演绎法奠定了欧美侦探推理小说经久不衰的基础。他虽然是一个虚构的人物，但其能力同样反映了人类的推理能力。我们在阅读过程中需要做的事与福尔摩斯不同（特别是与本尼迪克特·康伯巴奇对这个角色的精彩演绎不同），深度阅读的推理更像是阿加莎笔下博学的马普尔小姐办案时用的方法。她不仅用推理能力，也用同理心以他人的视角看待问题。读者也一样，得用推理、同理心，从小说中人物视角，完成小说中的演绎。

我们的大脑偏爱马普尔小姐的办案风格。在我们的左右前额叶皮质中广泛分布的神经网络能够分析文本信息，然后进行预测，由此进入一种大脑内部的同行评审系统，以评估每个假设的价值。实际上，一些研究表明左前额区域将观察与推论联系起来，然后源源不断地产生一个又一个假设。同时，右前额叶皮质将评估每个预测的价值，然后将此判断发送回左前额区域以获得最终的认可。这种推理与科学方法的发生作用类似，但是在解决方案中增加了对发挥同理心和心智理论的神经网络的调用。从长远来看，深度阅读脑更多地混合使用类比、推理和培养同理心相关的大脑思维过程。马普尔小姐独特的办案风格比福尔摩斯的方法更受欢迎。当然这个结论源自演绎法！

不断加强类比、推断、同理心和背景知识调用过程之间的关联能够帮助你跳出阅读过程本身，推动大脑进行推理。当读者学着一遍遍在阅读过程中关联这些过程时，他们就更容易在现实生活中应用这些方法。一旦我理解了他人做事的动机和意图，就能在与人共事时达成更多的谅解，也能获得更多智慧，明白他人行事的理由和方式。这不仅使我们具备了同情他人的共情基础，也能推动我们发展战略性思维。

正如奥巴马所说的，强化人脑的思维活动不可能一蹴而就，需要实践和坚持。如果不积极动脑，大脑也会生锈，“不用则废”是基本的神经科学原则，在深度阅读过程中也是如此。在人们培养和锻炼整个可塑性的阅读脑神经回路的过程中，这条原则同样适用。只有当人们不断努力，不断发展实践复杂的类比和推断技巧，调用与大脑相关的神经网络，我们才能保持勤于思考的习惯，提升辩证分析的能力，不至于成为信息的被动接受者。

批判性分析

批判性分析在深度阅读脑回路中具有关键的整合作用，这是显而易见的。无论从科学、教育、文学还是诗歌的角度来看，关于批判性思维的著述都远超过对深度阅读的唤醒和再生性质的阐述，因为批判性分析在知识形成的过程中发挥举足轻重的作用。然而，批判性分析的能力很难说是后天培育出来的。从阅读脑的角度来看，批判性思维代表了科学方法的全部总和。它将文本的内容与我们的背景知识通过类比、演绎、归纳和推论相结合，然后借此来综合评估作者的基本假设。我们想让下一代学会独立思考，培养他们应对书本或者通过电子屏幕接触的各种虚假信息，分辨具有操纵意图和误导性质的信息，就必须要提升他们的批判性分析能力。

话虽如此，但在一种奖励即时性、易用性和效率的文化中，开发批判性思维需要锻炼多种思维能力，整个过程复杂又费时费力。这种情况使培养下一代人的批判性思维陷入困境。很多人会说，我们已经努力了，不要妄自菲薄。但是凭良心讲，我们所做的事情真的还不够。很多人会自欺欺人地说，我们明天就努力分配时间去发展批判性思维，结果还没来得及实践，就被打乱了节奏。人们对批判性思维的训练也逐渐丧失信心。

在文学学者马克·埃德蒙森的《为何阅读》一书中，埃德蒙森提出了一个问题：究竟什么是批判性思维？首先，批判性思维包括检视自我甚至摒弃个人信仰的勇气和力量。然后他问，如果一个人本身没想法，又没有解放思想的意识和胸襟，那谈论批判性思维又有什么用？连一个基本立场都没有，所谓的批判性思维又从何说起？

埃德蒙森在此阐述了批判性思维的两大威胁，两者互相关联，又鲜为人知。第一个威胁来自先入为主的立场（例如政治或宗教观点）固化倾向严重，思想僵化，无法变通，让人无法接受其他意见，哪怕不同的思想有充分的事实依据。

埃德蒙森阐述的第二大威胁是在年青一代中，有很多人根本没有确立个人信仰，他们既不知道过去思想的体系（如西格蒙德·弗洛伊德、查尔斯·达尔文或诺姆·乔姆斯基的巨大贡献），也没有耐心自主审视和学习过去的思想体系。因此，他们无法督促自己培养深层次理解力所必需的批判性思维。个人想法和固执己见是培养批判性思维的两大主要威胁。

批判性思维不是天生就有的。很多年以前，哲学家莫西·哈尔伯塔尔带领我和家人前往米歇雷姆区的一所学校。哈尔伯塔尔有关伦理道德的研究已渗入他的思想，使他对当代世界面临的最困难的政治和精神问题有了深邃的见解。我透过那所学校的窗户看到里面的小男孩们摇摇晃晃地祈祷、唱歌，并相互争论，讨论对《摩西五经》可能的解释。他们不会对里面所述的内容有任何的预设。相反，他们可以针对文本就事论事自由地发表意见。这些年轻的读者将使用他们对过去知识的理解，去分析消化几个世纪前的思想，先哲的教导已进入他们的脑海，使他们有了自己独特的见解。

类似于这种类型的知识分析发生在最深层次的阅读中。读者再三思考文字中的意义，揣测其多种可能的解释。这种行为将推动思考，读者不得不综合背景知识，利用同理心，进行推理、归纳和批判性分析。因此，最深刻的批判性分析要求读者总结过去固有的思想和感受，让思想做好准备进入一个全新的领域。在言语可以自我超越的奇妙思维中，这种批判性思维模式是连接差异巨大的天主教思想和犹太教法思想的桥梁。

深度阅读的再生过程

洞察力是大脑对存储的未知知识的一瞥。皮质正在分享其中的一个秘密。

——乔纳·莱勒

我们终于到了阅读的最后阶段，这一阶段涉及深度阅读的再生过程。我们对所读内容进行多种探究式理解，将成果归纳为见解：我们将文本中的信息，与大脑已有的最恰当思想和感受相关联，进而得出批判性结论；在窥见新思想时，我们的认知其实发生了飞跃。哲学家迈克尔·帕特里克·林奇说，刹那间我醍醐灌顶，见解为我们打开了一扇门；海德格尔说只要这扇门打开了，我们的大脑就做好准备去门外看一看，理解是展示未知的一种形式。

当我们获得深层次的洞察力时，阅读脑中发生的复杂认知过程将整合各种思维活动，虽然性质令人捉摸不透，但我们能从中获得持久的洞察力。我想请读者暂停一下，仔细思考一下你在阅读上一节内容时所获得的最重要的见解。为了能帮助大家理顺思路，我要向大家讲述与阅读三个阶段对应的三个例子。其中两个是阅读小说的感受，另一个是阅读科学的收获。第一个例子是读里尔克的信，我要强调的不是他的信具体写了什么内容，而是他在描述上帝时所讲述的几个故事。我当时虽然已经20岁，却怀着无比的童真去读这些故事，我从中获得的见解，一刻也不敢忘记。有一个故事这样说，一群小孩小心翼翼地轮流传递并捍卫着他们认为是上帝的东西。当天即将变黑，其他小孩陆续离开时，最小的孩子费尽心思寻找上帝未果，已经到了近乎绝望的地步，她最终意识到她可能要失去上帝了。于是，她去问路过的每一个人是否有人愿意帮助她一起寻找上帝。就在她希望落空时，一个陌生人出现了。陌生人弯下身子对小女孩说，他也不知道如何才能找到上帝，不过他刚刚在地上找到了一枚小小的指环。

那个陌生人将这枚小指环——“上帝”放到小女孩的手里，我心中的暖流和喜悦至今不能忘记。里尔克将他对童真的温情和思绪交织起来，用一枚小小的指环给我们所有读者带来了新的启迪，给人类对于上帝的无尽构想增添了一种童趣。灵机一动在阅读过程中可遇而不可求。莎士比亚借波洛尼厄斯之口用“原来如此”道明了获得洞见的喜悦。

第二个例子是我读玛丽莲·鲁滨逊所著的《基列家书》时的感受。我每一年都会读一遍这本书，每一遍总有不同感受。这是一个发生在再平常不过的场景里的故事，年事已高的公理会牧师约翰·埃姆斯向他的幼子倾诉积累了半个世纪的思绪，以此作为他给后世子孙的礼物。很少有小说作品能如此巧妙地描绘出一些关于对上帝信仰的见解，有关来世、宽恕、美德和我们存在的奇迹等错综复杂、无法解答的问题。这个满怀爱意的人努力将自己生命中获得的思想告诉给他的儿子。这就让我们联想到了深度阅读中最暖心的一大功能：为后世留下最好的思想。

我要给出的第三个例子出自神经科学家阿恩·迪特里希和莱阿姆·根索在《心理学公报》中发表的一篇文章，里面针对见解和创意的引语我很喜欢。他们总结说，创意无处不在。脑神经科学家针对多项脑电图、ERP和其他神经影像学研究进行了回顾，但他们发现人类思维最活跃、最有创意的时候所对应的脑电图从来都不是整齐且规律的。相反，当思维活跃、创意能力最高的时候，人类大脑的多个区域被激活，特别是前额皮质和前扣带回皮质区域（本书许多有关其他深度阅读过程的描述中提到过这些区域，涉及同理心、类比、分析及关联等多种思维活动）。虽然读者产生一个想法时，脑部被激发的一系列思维活动无法用言语表达，但是这些发现倒也不算让人太泄气，就像温德尔·拜瑞恰如其分地这样说：语言有无限可能，却也有自身的局限。

当阅读一句话的最后几毫秒时，我们既获得了清楚的事实，也得知了神秘的未知信息。在阅读行为的最后一刻，读者的思维豁然开朗，所有认知和情感活动都转为纯粹的注意力和反思活动。文学学者菲利普·戴维斯利用到达思想体验的阵地来做比喻，神经科学家斯坦尼斯拉斯·迪昂用构建了神经元空间这个心理学术语来描述，小说家任璧莲用读者主体的多重内部性来形容此刻的状态。无论是在认知还是在生理层面上，这段完成阅读前的时间都不是安静或静止的。相反，这是一个非常活跃的时刻，可以引导我们更深入地从文字本身或其他方面了解，我们会筛选过去的观念、感受和思想，去追求哲学家和心理学家威廉·詹姆斯所描述的“隐形的新世界，在思考之后，字里行间、言语之外的世界”。虽然要改变詹姆斯的思想有点儿大不敬的嫌疑，但具体来说，阅读完成前的停顿将带领我们进入“由阅读催生的隐形世界，那是一个发生于思考之后，存在于字里行间、言语之外的世界”。

小说家、哲学家和神经科学家对于阅读的再生性质，有着不同的描述。然而，在分析了爱默生语言和思想之后，我们力图对其学说进行概念化梳理。我想大家都会认同，一位思想家和文学家以其思想，不时地提醒我们，意识可以越过自身思想的局限，前往未知的领域探索。每当读者达到了这种境界，就掌握了深度阅读为之提供的工具，能跨越时空的限制。

阅读脑神经回路的形成是人类思想史上独特的表观遗传成就。在这个回路中，深度阅读改变了我们的知觉、感觉过程，拓展了我们的知识库，也因此改变了阅读脑神经回路本身的构造，获得的见地和智慧让阅读脑神经回路更通达，思维更敏捷。凯瑟琳·斯图德利描绘了精密的专家级阅读者的阅读脑神经回路（见图3–1）。本书第四封信将进一步说明阅读脑的可塑性，阐述在数字时代，阅读脑神经回路的不断更迭所产生的巨大影响。在阅读脑神经回路进化道路上还有更多的未知等待着我们去发现。

图 3–1

本书作者

第四封信

与未来的读者连线

我们周遭的平常事，

也传授着一些随机的真理。

——威廉·华兹华斯，《论静眼的收获》

追求卓越的文字功力，需要人的一生。运用文字、鉴赏文字、热爱文字，是理解事情本质的一种方式，也是认知的本质。因为理解而热爱，因为热爱而理解，这一切都需要“安静的眼神”。

——约翰·邓恩

亲爱的读者：

在《诗人的墓志铭》这首诗中，威廉·华兹华斯说诗人留给世界的遗产，就是“静眼的收获”。艺术家西尔维娅·贾德森描述人类在利用知识来丰富爱的含义时，提出我们需要“安静的眼神”或者“静眼”。当代的高尔夫球手利用静眼这个术语来描述提升个人注意力的方法。不知道职业高尔夫球手在挥杆的时候，是否意识到了这个术语背后的诗意。

我喜欢“静眼”这个词，因为它能直接地表达我对21世纪读者的担忧和希望。当今人们在阅读的时候，眼睛越来越无法“静止”了。他们的思绪就像是喜欢采蜜的蜜蜂一样，在各种花之间来回穿梭。他们的注意力在悄无声息地下降，后果也无人能预测。本书第二封信和第三封信谈及一种现象，即集中注意力能让我们在阅读词语、句子和段落时，调用多个大脑区域去处理信息，抽丝剥茧地逐个领会文字的各层含义和形式，丰富我们的精神生活。由于面对的信息过多，大脑的认知能力不断减弱。哲学家约瑟夫·皮珀提出了人们该如何应对这种现象的问题。如果我们已经沉溺于日常生活中的各种高度感官刺激而无法自拔，该怎么办？茱蒂丝·舒勒维茨在《安息日世界：不同时间点的一瞥》中就描述了这种情况。精通劝说之术的专家们不就经常使用这一手段达到目的吗？在本书的第四封信中，我们将探讨两个核心问题，其意义和影响之大绝对超过了这两个问题的答案本身。要维持人类大脑的高度注意力，首先得保证注意力的持久性，才能开展深度阅读，养成深度阅读的习惯。我们整个社会已经失去了培养深度阅读习惯的高度注意力了吗？如果这个问题的答案是肯定的，我们该做些什么来弥补？

要回答这两个问题，我们必须得明白人类的进化规律和当代文化之间存在的最根本的冲突。弗兰克·施尔玛赫是影响力巨大的《法兰克福汇报》的已故主编，他认为人类对新刺激物的即刻关注，即有些人所说的猎奇心理，是人类内部冲突的起因。我们对环境的高度警戒对人类的生存有着重要的价值和意义。毫无疑问，这种本能反应使人类的史前祖先免于受到多种致命动物的威胁，比如看到老虎留下的脚印或者灌木丛中毒蛇的黏液，人类就知道该去躲避。

施尔玛赫认为，当前的环境让我们不断地处在各种新奇的刺激中，我们不得不频繁地关注多个数字设备，这正是问题所在。入夜了，我们很多人还不肯睡觉，只因我们沉溺于手机、苹果平板电脑（iPad）无法自拔。近来，时代公司针对20多岁年轻人的媒介使用习惯进行了调查，结果显示他们一个小时内要切换媒体消息源27次，每天查看手机150~190次。整个社会都在不断地受到来自环境的干扰。作为人科动物的我们，大脑的生理构造和反射又让我们疲于应对这些干扰不能自拔。我们不再以与原始人类相当的注意力去观察、聆听周遭的一切，因为我们见得太多，听得太多。我们的感官已经麻木了，只能靠追求更多的刺激源来满足自己。

过度注意力是这种多媒体融合不可避免的产物。文学评论家凯瑟琳·海尔斯将过度注意力描述为由快速任务切换、高水平刺激和无聊的过低阈值所引起的现象，过度注意力的存在无形中需要进行快速的任务切换和高水平的刺激。早在1998年，作为微软虚拟世界集团一员的琳达·斯通，首次使用“持续的部分注意力”这个术语来描述孩子们使用数字设备的情况，以及他们环境中其他事物的情况。自此，这些设备的数量和普及率都成倍增加，包括专门为幼儿设计的各种设备和应用。当你坐飞机旅行时，随便看一下周围，就能明白这个论断为何成立了。苹果平板电脑是人类新型的安抚奶嘴。

每个年龄段的人在使用这些电子设备时，都有看不见的成本。有个常常被忽略的规律告诉我们，数字媒介给我们的刺激越恒定，这些设备被带走时，我们（包括每个年幼的孩子）所感受到的无聊和倦怠就越普遍。此外，一个家庭使用的设备越多，所有家庭成员也就越依赖于数字娱乐和信息，使用这些数字媒介设备的时间也就越长。过度注意力、持续的部分注意力，以及精神病学家爱德华·哈洛韦尔所说的环境因素导致的注意力缺失与我们整个人类的命运息息相关。从我们被某一台数字设备的闹钟吵醒的那一刻起，到人们忙于每隔15分钟或更短的时间就更换不同的电子设备检索信息，从而切换注意力，再到一些人在临睡前的最后几分钟，还不忘打开电子邮箱安排第二天的工作，可以说，我们全天都持续处于一个充满了干扰的世界中。

我们既没有时间，也没有动力来培养自己的静眼，更不用说利用静眼所带来的记忆成果。无论是上班还是居家，我们都在屏幕背后将日常的碎片时间拼接起来，以便快速地从一个任务或者刺激源切换到另一个任务或者刺激源上。我们只能被动地接受这个事实。

我们已经逐渐意识到，在过去的10年时间中，我们经历了阅读量、阅读方式、阅读内容和阅读理由的巨大变化。这些变化背后的根本原因是数字时代的到来和数字媒介的发展。在串联起这些变化的“数字链”背后，我们要缴纳的数字时代的“阅读税”也已经开始清算了。

数字链假设

阅读量

人类的阅读量在不断地增加。不久前，加州大学圣迭戈分校的全球信息行业中心开展了一项针对人均日信息使用量的调查，发现各设备端口的人均月信息使用量为几万兆字节。这相当于每天接近10万个单词的阅读量。该调查研究的负责人是加州大学圣迭戈分校的罗杰·鲍恩教授。他在接受采访时表示：“我觉得有一点是肯定的，我们的注意力在不断地被分割为间隔越来越短的部分，这大概不利于深度思考。”

研究人员做出了巨大的努力，他们的功绩值得赞赏。虽说如此，但他说的“大概不利于深度思考”，未免是对事态的恶劣程度轻描淡写。日常的碎片式阅读或者3.4万兆字节的日均阅读量，是无法提升人们深度阅读或者深度思考的能力的。可以肯定的是，许多思想深邃的读者（和作家），如詹姆斯·伍德，他们认为当下人们的阅读量不但没有减少，反而增多了。10多年前，美国国家艺术基金会（NEA）的一份报告曾提出一个问题，即许多人的阅读时间比之前变少了，这可能是受到了数字阅读的影响。这样的忧虑比较合理。几年后，受人尊敬的诗人和时任美国国家艺术基金会主席丹娜·乔欧亚发布了另一份报告，报告表明从整体来看，可能是因为数字时代的因素，人们的阅读量比以往任何时代都要多。

近年来，我们的文化经历了以文字为基础的传统文化向以字节为基础的数字文化的转型。人们很容易对当前混乱的阅读习惯困惑不已。无论是由美国国家艺术基金会发布的报告还是最新的报告都表明，当前的信息极度泛滥，美国人的日均阅读量已接近一部小说的篇幅。遗憾的是，这种阅读很少是连贯、持续或者注意力集中的情况下发生的。相反，人均每天3.4万兆字节的阅读量是信息不断袭来的结果。难怪小说家简·斯迈利说小说阅读在日益碎片化的阅读习惯面前，变得越来越可有可无。因为小说阅读要求读者持续阅读，阅读小说本身也是培养人们持续阅读习惯的好办法。20世纪30年代，德国哲学家沃尔特·本杰明总结了人们沉溺于信息洪流时的巨大负面影响。他的观点至今有效，甚至效用更强。我们不断地追求信息的馈赠，但这样的馈赠在信息不断更新的态势中荡然无存。

从阅读研究者或者奥巴马的角度来看，本杰明所讲述的信息并不代表知识。记者兼作家戴维·乌林表达了自己对这个问题的关注。他在向汉普顿大学的学生演讲时引用了巴拉克·奥巴马的话。乌林认为，对于许多年轻人来说，信息已成为“分散、转移注意力的一种娱乐形式，而不是提升我们的能力并且解放我们的手段”。

越来越多的学术界同人也像奥巴马一样对这种现象表示了担忧。文学教授马克·埃德蒙森详细描述了他的学生将信息界定为娱乐形式所带来的影响：

> 在娱乐的海洋而非知识的海洋遨游，很多学生已经被剥夺了唤醒内心怀疑和重新审视人生的权利。对于他们而言，教育就是学习知识，只要以一种事不关己的态度观望即可。教育大可不必针对“我们该如何活”展开苏格拉底式的谈话，也不必开展启发式的探究。

这说明了一点：我们可能已经丧失了思辨的能力，同时也丧失了普鲁斯特所说的“在孤独中沟通”的能力。要开展普鲁斯特式的沟通，人类必须得用“静眼”来关注作者，少说多听。这样的内心对话，需要读者付出持续的时间并保持主动。埃德蒙森担心年轻人越来越不愿意付出这些努力。尤其当他们可以不用太费心费力，就能被动地享受信息这种娱乐方式时更是如此。

埃德蒙森的担忧与我们有关阅读回路的构建势在必行的预警存在一致的地方：如果信息只是肤浅地被视为一种娱乐形式，它就只能停留在认知表面上，而这可能会阻碍真正的思考，不可能去推动深度思考。回想一下脑部成像研究的结果。纳塔莉·菲利浦的文学专业研究生在随意阅读时脑部区域被激活的神经元群比深度阅读时被激活的神经元群要少。如乌林所说，阅读之光已然成为一种穿着娱乐外衣以“获悉信息”为目的的分神术。无论是从身为记者的乌林的角度出发，从美国总统保护国家青年的角度出发，还是从大学教师埃德蒙森的观点出发，社会上显然不需要这样的人：还没有苦心孤诣地去寻求真理就以为知道了真理的年轻人。这种人也是苏格拉底害怕的人。

可能读者们已经意识到，这些担忧不仅是针对年轻人的。我们消化的大量信息涉及从根本上改变游戏规则的一系列问题。我们如何处理多个设备的数千兆字节的信息所带来的认知过载问题？首先，我们要简化。其次，我们得更快处理信息。更准确地说，我们得更简洁地阅读更多内容。最后，我们要对信息进行检验分类。到底是获得更多的信息，还是要留出甚至挤占更多的时间来消化信息，得尽快在这两者之间权衡取舍。在某些情况下，人们甚至会将情报外包给一些信息机构，期望它们以快捷的方式为人们提供最简单、最易消化的分类信息。这样一来，人们哪里还有思考的动力呢？

在翻译的过程中，不可避免地会出现源语文化含义丢失的现象。当前的文化情境以简为上，杜绝复杂，当人们不再像以前那样注重个人的分析能力，我们就会不可避免地丢失很多东西。无论出于什么原因，当人们不再去拷问生活的内在复杂性，而是屈从于已有知识面的局限，不再去撼动思维定式或者检验现有思想，不再愿意超越现有认知的边界，一味固守己见甚至是成见，沉浸于以娱乐为目的的信息过载的生活方式时，我们都应该有所警觉：人类正在进行一场浮士德式的交易。除非我们关注自己所选择的东西，哪怕只是无意识地做，我们最终失去的可能要比我们想象中的更多。我们已经开始改变阅读方式，并且这种改变已经对思维方式产生了重大的影响。接下来，我们有必要谈一谈数字链的下一个重要环节——阅读方式。

阅读方式

> 一个有道德的人应该承担关注的责任。道德评判的本质取决于我们关注的能力，这种能力难免有其内在的局限性，但我们可以利用这种局限性。
>
> ——苏珊·桑塔格

我们的阅读方法在不断变化，而且这种变化还在继续。刘子明、内奥米·巴伦、安德鲁·派珀、戴维·乌林、安妮·曼根的团队以及来自各国不同领域的学者正在努力应对这个问题。我们对平板电脑的阅读方式习以为常。这种阅读方式正在改变阅读的本质。信息科学和阅读研究学者刘子明提出：数字阅读中的略读是一种新的阅读方式，这个观点恐怕没有多少人会反驳。刘子明和许多眼部运动的研究者发现人们在进行数字化阅读时眼睛很少会来回移动，眼球不会有之字形和F形的移动。在屏幕上阅读，我们会快速地查找单词（往往在屏幕的左侧）来获取文字的语境，然后直接跳到文章的结尾去看结论。只有在为了特定目的需要查读时，我们才会返回正文，去寻找相关的细节。

习惯了略读的方式，会对我们产生怎样的影响？其中一个重要的问题是：这种阅读方式与高层次阅读涉及的理解过程是否存在差异？内奥米·巴伦针对这一问题开展了出色的元分析，结果表明人们对整体理解力的看法各不相同。针对读者对于故事线的顺序以及论断的逻辑结构掌握情况的研究尤为令人瞩目。挪威学者安妮·曼根和其同事开展了研究，包括阿德里安·范德伟、让·维里、杰拉尔德·奥利弗和帕斯卡·罗比内。他们的项目调查了人们在纸媒阅读和屏幕阅读时，调用大脑皮质认知和情感区域的差异。曼根和她的研究团队要求研究对象——多位学生在阅读一则故事后回答问题。采用的故事情节深受广大读者喜爱（一个法国浪漫爱情故事），有一半人是在Kindle电子阅读器的电子屏幕上阅读的，另外一半人是通过纸质图书阅读的。

结果表明，阅读纸质书的学生在按时间顺序重组情节方面要更胜一筹。换言之，依靠屏幕阅读的读者，他们无法理解小说中一些很容易被忽略的细节及其次序。想一想，如果欧·亨利小说中的细节都消失了，那会如何？麦琪为给丈夫买一条白金表链而卖了自己的一头秀发，丈夫为了给妻子买一把梳子而卖掉了自己祖传的手表。没有了这些精心设计的情节，阅读的体验肯定会大打折扣。曼根和同事们经过调查研究后得出了这样的结论：屏幕阅读媒介会直接影响读者对于阅读内容细节和顺序的把握，进而影响他们的阅读体验和结果。屏幕阅读的方式不仅鼓励略读、跳读、浏览，还缺乏真实图书的空间维度。正是图书的空间维度指引读者去了解情节的发展走向。

至于这种现象将对学生的阅读产生怎样的影响，目前还没有定论。最近的研究表明，阅读媒介不同造成的学生对一般文本的阅读理解能力的差别并不大，至少在文本相对较短时是如此。但还有一些研究，尤其是以色列学者研究的结果表明：如果考虑时间这个要素，习惯纸质图书阅读的学生，其综合阅读理解能力肯定要比习惯屏幕阅读的学生好得多。目前，刘子明开展的研究课题主要关注两点：其一，文本的长度是否会导致当前学生阅读理解能力的差异；其二，通过不同媒介阅读较长的文本能否更好地提升学生的理解力，从而使其表现出更显著的阅读理解能力的差异。

曼根的团队开展的研究表明，使用屏幕阅读的人在记忆信息顺序和细节方面表现得更差。安德鲁·派珀和戴维·乌林认为，无论是在现实世界还是在印刷的页面上处理信息，包括偶尔在电子设备的屏幕上处理信息，具备对事物排序和对事态的发展建立次序感的能力非常重要。派珀坚持认为，在阅读和生活中人类需要“一种路径感”，确定自己所在的阅读时空，遵循一定的阅读/行为路径，必要时能及时回看，从中学习获益。他称之为再现的技术。

哈佛大学物理学家约翰·胡特在发人深省的文章《迷失》中，从另一个角度阐述了明确我们所在时空位置的普遍意义。他还说，如果未能将个人的时空位置与其所在的更大的时空背景关联起来，将导致严重的恶果。“可悲的是，我们常把知识分解为碎片，没有办法建立更大的概念框架。如此一来，我们为了要留住知识，放弃了对意义的探求，也丢失了意义对于个人的价值。”

这里提出了一个问题：借助电子屏幕阅读，我们的时空感被大大削弱，我们看似无处不在，却又完全置身事外，那么在阅读的时候，随着实现阅读体验的身份的转变，感受万千人生的能力和体验是否受到了负面影响呢？文学批评家迈克尔·德尔达使用阅读的实体维度来引导我们深入思考阅读体验。他把阅读电子书与入住无菌的酒店房间进行了类比，尖锐地指出：“书籍是我们的家园，真实可及，你可以爱它、珍惜它。”实体书籍的真实性有助于培养我们进入阅读空间的能力。在这个空间里，我们可以与来之不易的思想和多层次的情感客观地进行融合。如此，我们才能回归阅读的家园。

从这个意义来看，阅读的实体感为人们提供了心理和感官层面的有形体验。派珀、曼根和文学学者卡琳·立陶拓展了实体感的概念，强调了触摸在我们理解单词乃至整个文本中所起的作用。在派珀看来，纸媒阅读的感官维度为信息增添了一种重要的附加值——词语有了某种“几何学”的维度——这有助于我们整体把握和理解所读的内容。回想一下本书第二封信以及所有有助于我们理解单词的因素，我们就会发现派珀的观点在生理学上也是具有意义的。我们越了解某个单词，我们的大脑就越活跃，它的意义所涉及的层面就越多。派珀认为，在纸质图书上认识单词时，触摸会为激活的信息处理过程添加另一个维度，而这一维度在用屏幕阅读单词时是不存在的。

心理学研究中有一个非常古老的概念被称为“定式”，它有助于解释我们许多人现在正在经历的非线性、无次序感和大同小异的阅读体验，这种转变更多是取决于阅读时的思维“定式”，而非阅读的具体媒介。电子阅读的特征使人们处理信息的速度更快。当人们坚持在屏幕上阅读若干个小时后，就无意间形成了电子屏幕阅读的“定式”。假如人们经常在充满了干扰源的网络上进行阅读，阅读内容的次序感就显得没那么重要了，阅读时调用顺序思考的情境也就越来越少。如果人们不再阅读电子书，即使是拿起图书或者报纸开始阅读，这种阅读定式也依然存在。

阅读挤出效应产生了一种更加持久且令人担忧的后果，它与我们在本书中强调的大脑神经可塑性有关。我们以数字方式阅读的情况越多，受其影响的脑神经回路就越能反映出该媒介的特征。在《浅薄》一书中，尼古拉斯·卡尔提醒了我们一点：在数字文化中你无须担心计算机能否更加人性化，反而该好好关注人脑是否变得像计算机那样程式化。斯坦利·库布里克是第一个提醒大家注意这种现象的人。针对有关阅读的研究证明人们产生这类担忧是有原因的。我们的阅读脑神经回路形成于不断阅读时调用多个思维的过程中，其中大多数的思维过程或多或少都会受到阅读环境要求的影响。

例如，注意力效果的显著变化与记忆的潜在变化相关，尤其是工作记忆能力。回忆一下本书开篇的比喻：阅读一开始，聚光灯就打在了马戏团的上方。我们使用工作记忆能力来对信息进行短期的存储。按照这种方式，我们可以调用认知功能去处理和利用信息。比如人们在解答数学问题时需要短期存储数字，在认字时需要短期存储字母，在阅读句子时需要短期存储单词。心理学家乔治·米勒提出了公认的工作记忆的“7 ± 2”法则。正因为如此，大多数电话号码都由7位数字加上区号构成。米勒说这样一个记忆单元最能唤醒人们的记忆。米勒在他所写的最新回忆录中说，7这个数字与其说是精确的数字，倒不如说包含更深层次的隐喻。实际上，近来人们针对工作记忆的研究表明，我们能准确无误地记忆的字符数为“4 ± 1”个。

我之前一直认为，米勒所说的7这个包含隐喻的数字可能并不够准确，有关工作记忆的研究成果给出了新的数值。近来，我开始质疑这个假设。内奥米·巴伦引用了英国劳埃德保险集团在2008年发布的一份报告，它有一个醒目的标题“5分钟记忆让英国人花费了16亿英镑的代价”，报告中说成人的平均注意力为5分钟多一点儿。虽然5分钟似乎相当不起眼，但更值得注意的是这个数值只是10年前平均注意力数值的1/2。

这份报告的重点是注意力而非工作记忆。不过，注意力和工作记忆之间的联系，人们做了深度研究。如果我们有阿里阿德涅所赠送的线团，也许就能理顺人们借助数字媒介阅读时，注意力程度、记忆的变化与人们能够记忆的信息之间的关系。苏格拉底曾呼吁："如果人类开始依赖书面形式的语言来保存他们的知识，他们将不再像以前那样利用他们高度发达的记忆力了。"在人类从语言文化过渡到数字文化的过程中，我们必须考虑一个问题：不同形式的记忆是否会随着文化内核的变化而发生变化。

问题不是我们的文化内核是否被遗忘，而是从一开始工作记忆的方式就不相同：第一，为了使我们的工作记忆能发挥最佳作用，我们过度分割了注意力。第二，我们认为在数字世界中，人们不需要以原来的方式去记忆。苏格拉底担心的问题放在当今的时代就有了新的表现：我们日益依赖外部形式的记忆，加上外界多种信息源的轰炸引起的注意力涣散，正在一点点地蚕食我们工作记忆的质量和能力。这将最终影响短期记忆的巩固和储存，进而形成长期记忆。确实有一些让人泄气的估算表明，在过去10年中，许多成年人的平均记忆广度减少了50%以上。随着时间的推移，我们需要警惕这类研究结果重复出现。讨论完阅读方式后，阅读的数字链还没有就此结束。

阅读内容

与阅读有关的一切都是相互关联的：读者、作者、出版商和书籍都是相关的。换句话说，无论阅读的是现在还是未来，这些要素都将一直存在并持续关联。随着时间的推移，阅读方式的改变必然会影响阅读的内容及其编写方式。这些变化的含义可能会影响书面语言的方方面面：个人能否有足够的时间来解码词语的多层意义，作家能否使用需要读者调用复杂的分析过程来理解的单词和句子，以及主流文化对习惯了这种遣词造句方式的作者的认可等，都是密切关联的问题。伊塔洛·卡尔维诺用一句话斩钉截铁地说明了这个事实：

> 对于散文作家来说，成功在于言语表达的幸福感，它可能来自灵光一现，但更多的是依靠作家耐心地寻找一个最恰当的单词，因为每句话里的每个单词都是不可替代的，体现了声音与概念的有效结合……简洁、集中，而且让人难忘。

21世纪的读者习惯了查读和略读，他们会错失卡尔维诺表达的丰富信息吗？当他们读到“彭舞”“恰当的表述”“卓有成效的婚姻”“永生难忘的”等表达时，他们会受到应有的启发吗？全新的阅读方式能让他们领会作者的良苦用心吗？他们会错失作者千挑万选、字字斟酌才形成的措辞而不自知吗？卡尔维诺终其一生都在追寻文字的精准凝练和浅显易懂，人们未必能真正领会他的遣词造句的功底。可惜的是习惯了略读的人可能不会留意到作家的写作手法，甚至觉得这个问题与自己毫无关系。

前不久，我读了由《圣母大学形式逻辑杂志》编辑凯莉·邓普撰写的一篇关于阅读的文章。

> 当我审读投稿作品的初稿时，我会把稿件打印出来。我要

确保自己在纸质稿上阅读，而不是在屏幕上阅读。纸质稿能让我更加专注地阅读文字，领会其意义，真正地进入小说中的故事情境，在阅读中尽情体验各种人生和世界。

我身为编辑，职业要求我关注纸上所写故事的深度、质量，既要体察其微妙之处，也要关心故事的内涵。我之所以这样做还因为我也是一位作家，知道写作需要付出怎样的努力。我需要留心作家的每个细节。我要专注我的思想，要在和作者心神相通时，全身心地投入编辑工作。

这篇文章堪称作者意图和读者注意力之间相通时心领神会的典范。然而，当代读者在数字媒介上定位、查读文本的阅读模式对阅读理解、写作模式产生了直接和间接的影响，这种情况不容乐观。当出版商被迫考虑不同读者的需求时，典型的略读风格不适合长而密集的文本，因为略读很难捕捉复杂的思想，也不太容易关注那些往往一眼看去不重要的文字。数字时代中，人类的文化遭受了难以计算的数字冲击。在这样的背景下，阅读过程中有些体验将缺失，有些思维活动被忽视，甚至完全消失。

不久前，戴维·布鲁克斯开了一个有关“美”的专栏，讲述美引发的莫可名状的感觉……如今，这种感觉已经消失了。布鲁克斯不怪罪任何人，但也没有给出良方。

在他看来，我们不小心失去了一种可贵的世界观。在这种世界观中，美、真和善之间紧密联系。体会美能让人在生活中获得美德和高尚。

无论是在阅读还是在艺术中，与洞察力一样，对美的感知都源自许多与深度阅读匹配的能力。而且就像洞察力一样，只有我们花费时间培养这种能力，才能以更深远的方式感知美。这种深远的感知力能让我们见识更多、体察更多、理解更多。阅读不仅会调用视觉，美也不仅指感觉。玛丽莲·鲁滨逊在她的文章《衰落》中写道，美和其他重要的事情一样，需要一种强化的策略。如果无法被识别，文本就无法被理解。美德引导我们去理解最重要的事情。如果我们对美的看法变得越来越肤浅，流于文字表面，我们将错过具有深度的思想；美不会引导我们去学习和理解更深层次的东西。

在向现有的数字文化过渡之前，卡尔维诺为我们的千禧年提供了一系列相关且有先见之明的见解。他的目的是帮助大家深刻领会这些问题的深远影响。

> 在媒体迅捷高效且无处不在的时代，所有的沟通都在屏幕上进行，文学的功用就是促进不同思想的沟通，目的就在于理解沟通主体的不同。我们不要消除差异，而是要遵循文字的本真，去强化这些差异。

卡尔维诺一生致力于用文字书写深邃的思想。我也要借此机会呼吁：希望复杂的语言不要就此变得扁平。语言的未来既与作家持续的努力相关，也与读者在阅读时持续不断地努力思考相关。我担心的是快速浏览的模式会让我们错失感受文字之美的机会。当人们觉得复杂的思想与蚕食人的记忆力的快速阅读模式格格不入时，其实就是在剥离复杂的思想。当人们无法领会复杂的思想，包含这些思想的文字链接最终沦落到谷歌搜索结果倒数第20页时，人们可能也不会再进行深入复杂的思考。从信息的扩散到许多人每天靠眼睛一扫而过的阅读服务，在这条数字链的背后，不仅有全社会需要警惕的注意力和记忆力质量下降的现象，也有另一类现象需要我们去关注：人们对美的感知、对真理的认可以及由此而确立的复杂决策能力在日益萎缩。

当语言和思想萎缩，事情变得日益简化，一切都逐渐趋同时，我们的社会政治面临着巨大的风险，这种风险来自宗教或政治机构的极端主义者和温和的广告商。无论是残酷的强制还是巧妙的强化，群体、社会或语言的同质化都可能导致各种与众不同者的消失。保护人类社会的多样性是一种基本原则，早在我们的脑部进化出多样性之前就存在。遗传学家、未来主义者托尼·莫里森最近在其著作《他者的起源》中指出，多样性促进了物种的发展，提升了人类在互联星球上的生活质量，有助于人类的生存。

在人类需要保护多元性这样的总体背景下，我们必须努力保护丰富、广泛和差异化的语言用法。人类的语言能力在得到充分培养的前提下，为思想创新以及推动人类集体智慧的发展提供了最完美的载体。人类集体智慧的发展又会不断鼓励创新，进而推动人类语言的发展。其中的利害关系与我们每个人的生存密切相关。

不久前，我在很轻松的氛围中谈论了这些让人压抑的沉重问题。当时我和意大利出版商奥利欧·玛丽亚·莫托拉博士正在法国的阿尔卑斯山上漫步。随着海拔越来越高，四周的植被越来越稀疏。我和莫托拉博士谈及了语言同质化的文化趋向可能产生的影响：作者词库范围日益缩小，手稿更加简短，句法结构和修辞手法更加单一，需要的背景知识已不存在。

他问道，如果这样，那些本身充满了隐喻和类比的图书和诗歌（其所指内容已不再普遍）会面临怎样的命运？如果文化中的经典文献（《圣经》、神话和民间传说的隐喻，人们耳熟能详的诗歌和知名故事中的人物）不断减少，直至最终消失，人类将面临怎样的命运？这位学识渊博、会说多种语言的出版商接着问：假如“书籍语言”不再符合快速、可视化和人为删减的文化认知风格，写作方式是否会发生改变？读者、作家、出版商和语言是否也会改变？我们每个人都在不同的职业中见证了语言形式从高智力向低智力的退化，就像是“普洛克路斯忒斯之床”一样，人们不得不在日益狭小的屏幕上以更狭隘的标准展开阅读，而这一切竟然发生得神不知鬼不觉。

面对美丽的风景，我们在某个地方停了下来，试图不再讨论这些令人揪心的思想话题。语言的本质不是要扩展和改变每个时代吗？书写的历史不正是我们在这个时代存在的最好保证吗？阅读脑的可塑性不正是提供了适应各种阅读和写作模式的理想机制吗？

那个夏日，我对我的沉默不语的出版商朋友轻声说：我们绝不能失去我们已有的东西。而今，我也要对正在阅读的读者说出这句话。你们有些人可能会认为我有点儿小题大做，随着时间的流逝和时代的变迁，只有少数社会精英会想念那些被高节奏的工作逐渐边缘化的旧书架和诗集。可是，我正是出于对非精英人士的考虑，才会有此忧虑。我今天之所以能够写书，能够开展研究，全部仰仗儿时父母在卧室里给我讲的故事，以及圣母大学几位尽职的老师在我八年级的时候不断鼓励我阅读经典名著。正是因为读了这些书，我才不会忘记中西部小镇上的矿工和农民，不会忘记在伊利诺伊州埃尔多拉多以外有着完全不同的大千世界。识字、读书、鉴赏，我从来没有停止过阅读，这大概成了我儿时的一个特长。有了这样的阅读基础，我才得以拓宽视野，对我所在的核桃街以外的广阔世界有了初步的见解：我生平第一次与艾米莉·狄金森、夏洛蒂·勃朗特和玛格丽特·米切尔相识。阿尔贝托·曼古尔这样评价他靠读书构建了个人的知识库："基于我们每次阅读时接触和记住的新内容，我们的个人知识库才得以以几何级数增长。"

毫无疑问，今天的儿童和青少年将离开他们自己从小生活的故乡，通过互联网发现大千世界，他们可以与世界各地的人和思想进行联系。在此之前，或者当他们这样做的时候，我希望他们积极地建立自己独特的内部知识储备，这种知识的积累是从他们阅读书架上独特的立体图书开始的，他们喜爱的立体书作家可能包括华裔漫画家杨谨伦和马克·丹尼列夫斯基。我希望儿童和青少年先学会阅读和记忆，因为这是他们追寻梦想、规划未来和成就自己美好人生的基础。

我在过去数年曾教过几百名聪明睿智的本科生。他们的智慧和乐于奉献的精神不断鼓舞着我，我任教的大学的校训就包含鼓励个人实现价值、对社会做出贡献的目标。可惜，当越来越多的人擅长编程语言的时候，学生对我评论音乐专辑《绚丽的外套》和《威尼斯商人》中所提到的“慈悲”或者诗歌《未选择的路》表现得无动于衷。我所在的大学位于美国新英格兰这个高校林立的地方，我无法想象其他文化落后地区的情况如何。这些年轻人依赖外部的信息已经到了一种理所当然的状态。在查阅一个未知的姓名或者概念前，他们是否已经构建了强大的内在知识平台来辨别信息？这个问题就成为我关注的重点，我之所以为阅读“忧心忡忡”，理由也显而易见。我对内部积累的知识和外来的知识没有厚此薄彼的倾向。事实上，我觉得两者都很重要。但是，人们在依赖外部信息前，必须要有内在的判断力和理解力。只有如此，我才有信心认为学生们会明白他们欠缺的地方。

因此，问题不仅仅在于我们消化了多少个单词，也不在于数字文化中的阅读方式是怎样的。这是关系阅读量对阅读方式影响的问题，以及两者如何影响人类阅读和记忆方式的问题。然而，我们不仅要关心阅读的内容，还要继续顺着数字链深究下去，抓住下一个环节——写作方式。

写作方式

在我与卡罗尔和诺姆·乔姆斯基共同开设的研究生课程中，我将研究重点转移到了语言结构中的单词应用。我以前的关注点主要是文字之美。这种转变让我深刻地认识到之前文学研究所缺失的东西：围绕语言的各种思维过程，特别是对句法的理解，反映了我们思想的婉转曲折。正如苏联心理学家列夫·维果茨基在一本名为《思维与语言》的著作中所写的那样，书面语言不仅反映了我们最难解的思想，而且还进一步催生了复杂思想的深化。

在书面语言对智力发展产生影响的背景下，我们也看到高校的很多英语文学教授忧心忡忡，中学里越来越多的学生没有耐心阅读19世纪和20世纪初的经典文学名著。赫尔曼·麦尔维尔所写的《白鲸》和乔治·艾略特所写的《米德尔马契》，在这两部堪称19世纪英语文学典范的作品中，句子的密度以及读者理解它们所需的认知分析能力都至关重要。我最喜欢《米德尔马契》中的一段话，描述了当贫穷的多萝西娅在新婚蜜月时，发现本来在自己眼中是天才的丈夫身上缺点时的感受。

多萝西娅在婚后的几个星期中，感到寒心、窒息，虽然没有什么具体的事情让她沮丧，但她却隐隐地意识到她的美梦已经破灭。她本来指望在丈夫心头找到远大的前景，渴望全新的生活气息，却蓦然发现自己进入的是阴暗的前室，在曲折的死胡同里打转，找不到出路。

可以肯定的是这里不缺词语和句子。然而，艾略特密集的语法和迂回的句法结构恰如其分地表达了卡索邦先生思想的漫无目的和得过且过，引得读者与卡索邦先生一起徘徊不定，言语之贴切已接近登峰造极之境界。在互联网冲浪和发推特的情境下成长起来的孩子，每天被海量的信息包围，习惯了用最多140个字母来写一句话。他们已经无法阅读或者理解麦尔维尔或艾略特的文字，更不用说理解普鲁斯特150~300个单词的长句了。

这里谈到的一些问题，与人们在历史转型时期对语言应用的期望值的变化相关，这一点莫托拉博士也强调过。为此，我不以科学研究为目的，随意做了一次测验。我从书架上拿下三本著名作家近期所写的畅销小说和三本20世纪初的小说。这几本书我都很喜欢，我只想通过这几本书来审视当代作品的语法结构。我使用了之前我的导师珍妮·查尔提出的可读性公式的简化版（这不是非常科学的方法），来评估适合不同年龄人群阅读的文本。（我得承认，在整个研究生课程中，我刻意避免了研究这样的公式。）我随机浏览每本书，计算每个句子的平均单词数，每个句子中包含的平均短语和从句的数量，以及每个段落中包含的平均句子的数量。尽管这几本小说的风格和内容存在很大的差异，但当前畅销小说的平均句子长度似乎不到20世纪早期及中期作品句子长度平均数的1/2，文章包含复合句的数目和每个句子所包含的短语数目也大大减少了。

散文的用词日渐趋“散”。发现这种趋势不需要所谓的可读性公式，我们随便读一下就能感受到。我们是否留意到了阅读方式（我们如何阅读）和阅读内容（我们读了什么）之间为彼此适应出现了不断妥协的现象？这是一个值得探讨的问题。如果答案是肯定的，那么这些都重要吗？肤浅的抽样调查不允许我对下列议题妄议：无论是不同时代写作风格的转变，还是这种变化是否反映了主流媒介的特征或者作品中体现了哪些思想的复杂性。作者的思想深度与作品的句法密度直接相关的这句话是错误的。我经常说，我们都能欣赏海明威和乔治·艾略特的作品。然而，在文字密集度更高的文章中，人们很有可能会经历认知丧失的现象，即不愿意甚至是无法按照作者的期望对复杂的概念进行梳理。因此，我更加忧心的是人们阅读或评论的小说人物的数量与其思考方式之间的关系。这种关系正在以前所未有的力量影响着越来越多的年轻人，这些年轻人当中，有相当一部分人会在未来领导全球各国的政府。

文章太长，没法读。阅读质量和思维品质之间的关系深受注意力和我们所说的认知耐心的影响，认知耐心是一个脑神经学科词语，却与人的本能密切相关。在过去的几年中，我收到了一些令人不安、出人意料的信。其中一部分来自文学教授，另一部分来自研究社会科学的学者。很多大学生对句法传统、信息密集的美国文学阅读和写作任务表现出不耐烦的样子，让这些教授和学者深感沮丧。一位著名的英语系主任说，他再也不能开设亨利·詹姆斯的文学评论课了，因为如今的学生很少有能读懂或者愿意去读詹姆斯作品的人了。

这些教授常提出两种现象。第一，学生没有耐心花时间去理解高密度文本中语法要求严苛的句子结构，也越来越讨厌开展费劲儿的深度文本分析。

第二，学生的写作水平在退化。对于本科生的批评之声不绝于耳。写作水平的退化对于各年龄、各阶层的人来说都是非常重要的问题。当前，我们必须要提出这样一个问题：学生越来越不熟悉那些对概念理解要求较高的文章，终日沉浸在社交媒体上发文和更新状态，这种现象是否以前所未有的方式给他们带来了深刻的消极影响？在学生写作过程中发挥作用的认知耐心与我们接下来要谈的问题息息相关。一项旨在调查学生引用文献的研究表明，很多学生引用的文献都是开头一页或者最后三页的内容。

如果读者真的是按照刘子明所说，以之字形眼球运动的方式来阅读，也就是说先从第一页读起，中间跳读，再到最后一页，那我们就得怀疑文章的中间细节部分是否真正被读者阅读了。如果他们略读了很多内容，那么对于背景知识、论据和支持文章观点的证据等细节的了解就不够彻底，或者完全没有阅读。这样的阅读模式使学生们掠过了细节，也忽略了整体的思路和论证，终将导致学生的习作结构不够严谨，事例和论证不够有说服力。

有几个教授在来信中公然承认，他们现在只给学生布置阅读短篇小说集的作业，以适应学生的注意力持续时间日益减少的情况。当然，短篇小说的内在价值毋庸置疑。有报道说年轻人日渐缺乏同理心，这足以引起我们全人类的警觉和自省。而教授们则发现学生们不断回避篇幅长、难度高的文本，且写作水平也不如从前。这里的核心问题不是他们的智商，也不是他们不熟悉多种文体。从根本上来说，还是要归因于他们缺乏深度阅读、高标准的思辨和分析思维所需要的认知耐心，这种认知耐心的缺乏会导致他们无法获得认知持续性，即著名心理学家李惠安提出的“坚毅”。而阅读的坚毅从哪里来？就是通过阅读篇幅长、难度高的文本获得。我在上文提过缺乏背景知识和思辨分析技巧会让读者容易受到未经证明的甚至错误的信息蛊惑，而缺乏处理复杂文本的智力技巧则会影响学生的阅读和写作能力，使他们无法从容地面对未来的各种挑战。

这些智力技巧和个人品性恰恰是年轻人辨别、应对未来的变化和复杂难题所必需的。他们在大学时代的个人发展为毕业后需要具备的更具挑战的知识韧性打下了基础：他们能否在未来的职业生涯中，游刃有余地撰写论据充分的报告、文稿和简报？能否通过批判性地阅读来评估公民投票的价值、法院判决、医疗文件、遗嘱、调查性新闻或政治候选人的个人履历？他们能否在虚假新闻和报道中剖析不断升级的问题，辨别传媒信息的真伪？这些能力早在最初培养阅读能力时就已经埋下了种子。社会需要其公民不断发展这些能力，无论读者的年龄大小，皆是如此。

在《互联网的刺》一书中，珍妮弗·霍华德写了一篇涉及虚假新闻传播者问题的文章，里面的信息着实令人不安：

> 一位擅长杜撰炒作的撰稿者在接受《华盛顿邮报》采访时说：坦白讲，人们肯定是越来越笨了。他们只是不停地传播东西，没有人再对事实进行任何形式的查验。将真相与虚构分开需要时间，要求分析者具备一定的信息素养和开放的思维。所有这些在注意力分散和极化的文化中都成了稀缺品。人们喜欢即时分享——这就给我们这些人提供了操纵传闻的空间。

这里有许多棘手的问题，需要学生、老师、家长乃至所有人共同面对。公民应如何思考、决策和投票取决于他们利用智力集体驾驭数字环境中复杂现实的智慧。这些智慧要求他们不仅能够开展高层次的理解和分析，而且能真正适应这种思维方式。这已不再是哪种媒介更加适合哪类阅读的问题，这是一个在当前的历史时期，如何培养孩童、青年和我们自己最佳思维模式的问题。

这些观点对你我而言都不算新鲜。马歇尔·麦克卢汉有关媒介对人类影响的主要观点和沃尔特·翁的哲学劝诫恰好在当下响应了苏格拉底最初的忧虑：阅读会改变思维方式。“如果人们学会了这一点，就会在他们的灵魂中植入健忘的开关；他们将停止记忆，因为他们依赖已记录下的东西，不再发自内心真正地去记忆，而是通过外部标记来追溯信息。”当然，苏格拉底从来没有机会去理解拥有内部和外部记忆源的潜在价值，但我们是可以做到的。然而，我们并没有在这上面花足够的时间。在新时代的背景下，该如何应对阅读方式和思维方式的改变及其对日常生活的影响呢？

耶稣会学者沃尔特·翁重申了苏格拉底一些不证自明的论断，及其在分析当代社会的情况时暴露的缺点。他认为，我们的智力进化不是基于一种交流媒介与另一种交流媒介的差异，而是取决于那些沉浸在两者之中的人类。从翁的角度来看，我们这个年龄段的读者继承了基于文字文化和数字文化的传统，可将来会怎么样呢？口语、阅读和写作的变化是如此微妙，我们在参与沟通之前，会忘记对人类思想至关重要的真、善、美吗？我们可以使用现有的全部知识及其推论，从这两种媒介中选择最好的知识，然后将其传授给年轻人吗？

要回答这些问题，首先要深入审视我们的阅读生活，这在本书的前几封信中已经提及。阅读时你是否心不在焉，并且更少调用记忆力呢？你是否留意到在阅读电子书的时候，你只是在查找关键词，其余的内容都只是不求甚解地略读呢？这种阅读方式是否也会迁移并影响到你在纸媒上的阅读体验呢？你有没有反复阅读一篇文章来理解它的意思？写作时，你是否发觉自己表达核心思想的能力在悄悄退化？你是否已经习惯了快速掌握信息，认为没有必要留出时间来分析这些信息？你是否有躲避密集复杂文本分析的倾向，哪怕你已经做好相关准备了？更重要的是，你很难像以前那样，从抽丝剥茧式的阅读中找到惊喜。实际上，你甚至开始怀疑自己：我是否有足够的认知耐心来啃完篇幅长、难度高的一篇文章或一本书？假如某一天你蓦然回首，发现自己的阅读和思维方式发生了巨大的变化，却对之束手无策，该如何面对那个时候的自己呢？

案例分析

下面来聊一聊让我不安的故事，这恐怕无法成为畅销书的好素材。我认为事态大体上会这样发展：研究阅读及其在数字时代中变化的人逐渐清醒，被迫面对这些变化。这些故事多少有点儿打脸的意味，也让人伤心。

卡尔维诺曾这样写，华盛顿·欧文的小说《瑞普·凡·温克尔》"在这个不断变化的社会中占据了奠基神话的地位"。我认同这个观点。我在第一封信中也写过，我最初的觉醒发生在写完《普鲁斯特与乌贼》之际。经过7年的阅读脑研究，我环顾四周，意识到自己的整个研究主题都发生了变化。阅读的体验也与当初不同。

第二个故事与我的个人经历有关。尽管我对不断变化的阅读脑开展了研究，但从未意识到的一点是：其实阅读方式的改变已经影响到我的思维模式。直到我的个人行为发生了显著变化，我才如梦初醒。一开始的变化非常隐秘，我因为职业和个人生活的需要，在数字媒介上的阅读量和写作量不断增多。一开始，我不愿意被环境同化。所以，我尽量在撰写每一封电子邮件时保留了鲜明特色，从来不省略敬语和个人问候。可是后来我发现，我的邮件越写越短，我的日程也越来越满。以前，我得静下心来才能保证我的个人写作风格；如今，我已没有足够的时间平静地写出思绪。我只能尽力而为，随时写作，希望在我没有满足读者的预期时，他们能原谅我。

关于阅读，我发现自己越来越依赖谷歌、谷歌学术搜索、《科学》等杂志的摘要、在线新闻、《纽约客》的在线故事等。这些内容都需要稍后更深入地阅读。报纸和杂志的各种订阅消息来去匆匆，我无法跟上最重要的信息——对公共生活进行的深刻评论。所以……我不再去跟进这些订阅的内容。我常骗自己会在周末补上这些功课，仔细阅读订阅的内容。但周末有更多的阅读和写作任务要完成，而早早定下的目标也只好就此作罢。

另一个消失的行为是那些我心心念念要完成的书单，它们总是躺在我的床头等待着我去阅读。可是，我在临睡前还忙着发送邮件，这件事情逐渐替代了读书，我没有办法再通过反思马可·奥勒留或者醉心于阅读肯特·哈鲁夫或者温德尔·拜瑞的著作而心满意足地进入梦想；我没法确定被日出而作、日落而息的生活节奏主宰的人类是否依然爱心满满，依然保留着经久不衰的美德。在过去，思考能帮助你获得内心的平静和镇定的思绪。

我依然还会买很多书。我试着去读，却再也去不了远方。在一些模糊的时间节点上，我开始为了让自己得到更多的资讯，而不是为了体验另外一种人生而阅读。

有了这样不好的意识以后，我开始怀疑自己。我周末忙着写稿，没有时间去阅读，长期经历着只放电不充电的情况，大家是否也有与我相同的经历？我太看重面子，不愿意相信这种情况。不过，我还是像所有碰到研究难题的人一样，为自己设计了一个实验。实验对象只有我自己。我提出这样一个假设——不改变阅读模式，只改变阅读时间。如何改变阅读时间呢？我每天都留出特定的时间，严格地遵照制订的计划在阅读语言难度大、概念要求高的文本。这是一本我在年少时就非常喜欢读的书，我了解其中的情节。因为读过，再读就不会放过任何的铺垫或者悬念。我只要分析阅读过程中自己的行为就可以，就像我研究有阅读障碍的人群一样。

我毫不犹豫地选择了赫尔曼·黑塞的《卢迪老师》，也称为《玻璃球游戏》。1946年，黑塞获得诺贝尔文学奖的时候就提到了这部作品。说我以最热情的方式开始这项研究绝对有些夸张。不过，我还是十分庆幸能够重读少年时钟爱的文本。

我的阅读体验可以用“冲力”来形容。当我开始阅读《卢迪老师》的时候，我体验到了大脑皮质受到的重击。我没法连贯地阅读这本书，这本书的文字风格太过晦涩，文字密集，有太多不必要的单词，句型结构迂回曲折，绝对启迪不了我，倒是让我更加摸不着头脑。整本小说的情节也超乎想象。一群修道士在楼梯上走来走去是唯一能在我的大脑中投射的图像。每当我拿起《卢迪老师》这本书来阅读，就好像有人往我的大脑里倒了黏稠的糖浆一样。

为了弥补自己如此愚钝的理解力，我强迫自己必须慢下来，可惜无济于事。我习惯了每天阅读千兆字节的材料，这种阅读习惯让我无法放慢速度去抓住黑塞书中想传达的任何内容。我不需要皮肤电反应测试，就知道我的皮肤在微微出汗。我的呼吸更加沉重，脉搏可能在加快。我不想知道我的皮质醇水平。我讨厌这本书。我讨厌整个所谓的实验，这并不科学。最后，我想知道我当初怎么会认为这是20世纪最伟大的一本小说？哪怕黑塞获得了如雷贯耳的诺贝尔文学奖，我也想不通。我的这次阅读是如此用心，怎么会有这么不同的体验呢？如果放在现在这个时代，黑塞的小说恐怕不会像当初那么受欢迎，甚至很难找到愿意出版他的书的人！

此事只能作罢！我这样想着，赶紧把《卢迪老师》放回书架上，摆在海明威的一本书和黑塞另一本没有那么难懂的《流浪者之歌》中间。我书架上的书都是按照作家姓名首字母的顺序排列的。正是书架上一排排的书，造就了我和我的思维模式。我没有通过自己的测验，这算不了什么。除了我自己以外，恐怕不会有第二个人关心或者知道这个实验。但是，没有人比我更清楚发生了什么。

而我从中得到的教训，我本不愿意再向任何人提起，那就是个人的阅读方式的确出乎意料地改变了。如今，我可以在平板电脑上快速地阅读。事实上，我读得太快以致无法理解文字的深层次意义，我不断逼迫自己频繁地回看，一遍遍地读句子，内心也经历着越来越严重的挫败感。我对于每个语句中出现的从句和短语越来越不耐烦。之前，我也读过普鲁斯特和托马斯·曼写的更长的句子。但我觉得黑塞用这些语句表达自己的想法简直多此一举。最后，我所谓的深度阅读过程终究没有出现，我的思维已经发生了改变。我已经蜕变成了尤涅斯库的“犀牛”。“那又怎样呢？”我喃喃自语。

这次实验是一场灾难。除了暴露我书架上的书目外，还引发了我的思考：第一，书架上的作者都是我的朋友——包括赫尔曼·黑塞——他们对我的影响仅次于我的家人和老师。不管是什么原因，难道我要抛弃对我影响至深的好朋友，把他们的著作毫不犹豫地搁置在书架上，除了按照他们的名字顺序排列，不再与我有任何瓜葛了吗？第二，多年来我曾告诉1 000多名患有阅读障碍的孩子，如果我们能够把握当下的契机，明确我们要改变的决心，那么失败就是我们最好的老师，就像敌人也能激励我们奋起一样。这样的想法让我心潮涌动。由于此次阅读是一个艰难的过程，我强迫自己回归实验任务，只是这一次我要保证每次阅读都持续至少20分钟。当初这个实验是心血来潮，进展得也不够顺利，甚至对我自己而言也不太愉快，不过我暗下决心，一定要将二期实验坚持下去。

实验又花了两个星期。经历了漫长的实验阶段，突然有一天，我经历了一个不算巨大的醒悟。那不是灵光一现，我也没有获得什么非凡的洞察力。我只是感觉到，我终于回来了，回到了我以前熟悉的阅读状态，找到了自己。我现在的阅读速度与书中的行动速度相匹配。我不再强迫自己一定要领会黑塞的话和从句林立的段落，我会随着书中的情节放慢或加快速度。我在阅读过程中也没有使用快速阅读的技巧和间歇式的注意力，抛弃了线上阅读形成的阅读模式。

在《旧书重温忆华年》一书中，安妮·法迪曼比较了阅读和重读一本书的体验。“前者的速度更快，后者的程度更深。”作为习惯了电子设备屏幕的我在重读黑塞的著作时，体验到的是相反的情况。我曾尝试快速地重新阅读，但是我失败了。内奥米·巴伦曾经预测转向电子屏幕阅读会打消我们重新阅读的兴致。这可能会让读者遭遇不可预料的损失，因为各个年龄段的人读同一本书，阅读体验是完全不同的。当我再次强迫自己进入重新阅读的过程中时，我体验到了以下几点：首先，阅读速度要减慢；其次，要融入书中，进入它讲述的另一个时空；最后，超出自我，奔向远方。在这个过程中，我的世界慢了下来，虽然只慢了一点儿。我恢复了往昔熟悉的阅读状态，终于找回了曾经失去的阅读方式。

这个小实验表明，我自己的阅读脑神经回路已经适应了环境对它的要求。尽管我没有意识到这一点，但我的阅读行为（或风格）却早已改变，也一直在改变。换句话说，我在数字媒介上经历的碎片式阅读方式不是我日常阅读的全部，但这种阅读方式却不加区分地转移到其他的阅读活动中，使我以前沉浸其中不能自拔的高难度的深度阅读活动变了味儿，失去了该有的认知耐心。我没有做进一步的实验来测试我如何理解这些变化。但是我承认，我不想知道这类实验的结果，我只想重新获得我已经失去的深度阅读的能力。

最终，这次简单的实验提出了一个重要的问题，这个问题与所有人相关，不管他们是习惯了纸媒还是数字媒介。用翁的话来说，我所面临的问题是，两种截然不同的阅读模式是如何转变一个人的思维的。此外，考虑到我每天都要经历两种沟通形式，克林肯博格提出的问题非常应景：身为读者的我们，未来的路在何方？

我一直记得一个简单而又美好的印第安故事。一位祖父给他的孙子讲人生的道理，他告诉孙子每个人的内心都住着两匹狼，其中一匹还未驯化，总是要和另一匹狼做斗争。第一匹狼非常激进，充满暴力，憎恨全世界。第二匹狼温和、阳光，充满爱意。听到这里，小孩就问祖父，到底哪一匹狼能战胜对方。祖父的回答是：那要看你选择去喂哪一匹狼。

阅读的动机

我们应去喂养那匹内心平和、充满阳光和爱的狼。我这就告诉你自己重读黑塞实验的结局：我把《卢迪老师》读了三遍。不是为了实验，只是为了重拾我曾经拥有的阅读中的那种平静。小说家阿莱格拉·古德曼在重读一本心爱的书时发现了抽丝剥茧层层展开阅读的意义："像褶皱的织物一样，文本在不同的阅读体验中展示了不同的部分。然而，每当文本展开时……读者的心中和思维都会添加新的褶皱。记忆和经验迫使读者深入阅读的过程中，每一次阅读的体验都会增添新的发现。"当我重新阅读这本书时，我会想起第一次阅读黑塞时我对书中人物的理解。到最后，我终于明白了自己为何会如此欣喜地与黑塞创造的人物重逢。也许更有意义的是，我终于明白了在成为一位合格的阅读研究者之前，我得明白阅读对自身真正的意义所在。

阅读有千万种理由，这些理由也是千差万别。为什么要读书？这一问题引发了一些世界大文豪发人深省的回应。我也恳请各位读者思考一下这个问题。在我重新找到以前那个阅读的自我后，我阅读的理由是：为自己找到全新的理由去爱这个世界，同时离开眼前的世界，去向远方。在远方，我可以超越想象力、知识和个人生活的边界去获得体验，有时候就像诗人费德里科·加西亚·洛尔卡所说的：“去远方，去唤回我作为一个孩童的古老的灵魂”。

这与黑塞曾在一篇不太著名的文章《书的魔力》中的想法不谋而合。

> 在书的世界中，人类没有接受大自然的馈赠，而是直接创造了自己的精神财富，但这个世界是最伟大的。每个孩子，在提笔涂鸦、写出人生第一个词、尝试第一次阅读时，他们就进入了一个复杂的世界。他们要去彻底了解这个世界的规律和法则，完美地实践这些规则。没有哪个人是永生的。没有了文字、书写和书籍，就不会有历史，也就不存在人性这个概念了。

我想借黑塞的“诸多世界”和洛尔卡“唤回孩童的古老的灵魂”的提法，带你进入本书第五封信。我们来谈一谈如何养育下一代，如何利用我们从阅读生活所获得的馈赠来给子子孙孙传授阅读之道。

本书作者

第五封信

数字时代的育儿指南

儿童是象征，是希望、生命的象征，也是诊断家庭、社会和整个世界是否健康的标志。无论何时何地，当我们接纳、关爱、照顾、保护孩童的时候，家庭会更和谐，社会会更健康，而整个社会也将更富人性。

——方济各

每种媒介都有其优缺点。每种媒介的传播和发展，都会推动大脑放弃一些已有的认知技能来培养一些新的认知技能。虽然互联网可能会产生令人印象深刻的视觉智能，但人们似乎得牺牲深度处理信息的能力，这样做的代价将是失去有意识地获取知识、归纳分析、批判思维、想象和反思的能力。

——帕特里夏·格林菲尔德

亲爱的读者：

在我的孩子们很小的时候，他们常常问我是做什么的。当时，我们刚从住在中西部腹地的祖父母那里探亲回来。在祖父母家里，孩子们看到了玉米地、成片的豆子，还有成群的牛和马。这让他们这群从小长在城里的孩子大开眼界。见到那样的情景，我忍不住说："我在农庄里带娃。"他们都笑了。那一刻，我突然发现这个说法恰如其分地总结了我的工作。相比老师、阅读脑学者，这个标签更适合我。我也喜欢这个答案，并把它作为我人生中一份重要工作的标签。

现在回想起来，这种提法恰好概括了这封信的主要内容：我们如何"养育孩子"？孩子是20世纪文化的传承者，是21世纪的接班人。我们给了他们生命，但他们又不属于我们。莎士比亚在《仲夏夜之梦》里就描写了反抗父权、追求平等关系等情节。孩子和父母有亲缘关系，他们依靠父母，却又不是父母的附属品。他们逐渐长大，也会变成与父辈、祖辈乃至更古老的祖先不同的人。人类的文明史已经见证了传播模式的转变：从苏格拉底的口口相传到亚里士多德的文字时代，再到德国活字印刷发明人古腾堡之后的时代。

每个时代，父母和子女之间要么会有代沟问题，要么被贴上"有其父必有其子"的标签。我关注的问题，与其说是数字时代生长的孩童与父母有多大的差异，倒不如说在新千年我们应如何找到最适合孩童发展的道路。时代没有办法后退，除非是遭遇一些历史性偏离或者倒退。我们接纳现实，但也不能因此就阻止我们了解过去和现在。我们需要以同理心对可能影响孩子的一切进行批判性分析。

时代的改变催生了各种变化。前面4封信中提出的难题让我们在面对育儿问题时战战兢兢。如今，我们以发展的眼光看待这个问题：在主要媒介以高速度、即时性、高水平刺激、多任务处理和大量信息为特征的文化中，耗时、认知要求严格的深度阅读是否会萎缩，甚至逐渐消失？

深度阅读可能消失，这个提法本身就说明了发展完善、高度发达的阅读脑神经回路是存在的。每个新读者——每个小孩必须建构全新的阅读脑神经回路。我们的孩子会形成非常简单的神经回路来学着阅读，获得基本的文字解码技巧，或者也可以发展出高度精密的阅读脑神经回路，不断推动他们发展智力水平。根据儿童个体特征的不同，形成阅读脑神经回路的过程、各自受到的阅读指导和支持以及他们阅读的媒介本身就有很大的不同。我们在这里要讨论的核心是孩子接受的阅读指导和支持。而媒介的可供性特征，包括实体感和捕捉注意力的方式，则为我们理解阅读脑神经回路发展因素增加了一个维度。加州大学洛杉矶分校心理学家帕特里夏·格林菲尔德在她的著作中指出，最基本的常识性原则是人们接触某种媒介的时间越多，该媒介的可供性对读者阅读特征的影响就越深。媒介是通往大脑皮质的信使，从一开始就会影响人类大脑皮质的反应。

而年轻人尚未形成的阅读脑神经回路给我们提出了独特的挑战，也提出了一系列复杂的问题。首先，在孩子学习阅读前后及其过程中，阅读脑神经回路的早期发展认知元素是否会被数字媒介改变？在数字媒介时代，成年人因多任务处理、迅捷性和分神而受到影响，那么这些特征如何影响儿童的注意力、记忆力和背景知识的形成和发展？其次，如果儿童受到了数字媒介的影响，这类变化会改变专家级阅读脑神经回路的构建吗？它们会进一步影响人们培养和保持深度阅读能力的动机吗？最后，我们如何保证在充分利用不同数字媒介优势的前提下，使数字媒介不对儿童的阅读产生负面影响？

分心时代的注意力和记忆力

注意力

我们关注的东西和注意力分配的方式在极大程度上影响着思维方式。在认知发展的过程中，孩子们从婴儿到青春期学习如何以更持久、更专注的方式运用注意力。在干扰无处不在的文化背景中，专注变得格外重要，也更加困难。青年面对多种刺激源时，若本身具有更加完善的抑制注意力分散的系统，受到的影响就相对少一些。至少在原则上，他们可以选择不去理会干扰源。但是年幼的孩子却不同，他们的脑前额叶皮质控制系统和其他执行功能尚未发育成熟。在孩子小的时候，注意力是随时可能被夺走的。

数字世界正在不断剥夺孩子的注意力。在2015年的兰德报告中，3~5岁的孩童平均每天在数字设备上耗时4个小时。75%的0~8岁儿童有机会接触数字设备，而2013年该数字只有52%。成年人使用数字设备的比例在一年内增加了115%。虽然在整个社会层面上有关持续的刺激和不间断的分心问题在所有年龄群体中普遍存在，但儿童的健康发展受到的影响更紧迫。

心理学家霍华德·加德纳用麻省理工学院学者西蒙·派珀特“如蚱蜢般跳跃的注意力”来描述数字时代儿童的注意力。年轻人普遍经历点对点的注意力跳跃模式，因而很难专注于原先的任务。同弗兰克·施尔玛赫一样，神经科学家丹内尔·列维京在进化反射的背景下，利用人类对新事物的新奇偏见，来解释注意力转移和任务切换的行为。“就像我们用餐和求偶一样，人类在猎奇心理的驱动下，去寻找新的体验。在多任务处理中，我们会在不知不觉中进入成瘾循环，因为大脑负责新事物处理的中心会因处理新刺激收到奖励的反馈，但前额皮质却想要保留原来的任务，从持续的努力和关注中受到奖励。这样一来，对新事物刺激进行回应的大脑活动就会损害前额皮质。我们需要训练大脑关注延时满足，而非即时满足。

列维京在一本主要为高管撰写的书中提到了这样的研究成果。他给成年人提出了颇有价值的意见，在涉及幼儿的认知发展时，其适用性将被放大。孩子的大脑前额皮质和整个潜在的中枢神经系统尚未学会辨别延时满足和持久注意力带来的回报，更不用说让他们放弃短期利益，去规划、抑制和专注于手头任务而不分神。换句话说，大人转移注意力，头脑中经历的算不上什么，而当孩子保证自己不切换关注源时，经历的可谓是头脑风暴。因为小孩大脑的前额皮质发育不完全，他们只能接受一个个刺激源的摆布，快速地从一个刺激源跳到另一个新刺激源上。

列维京声称儿童可以长期习惯于各种各样的刺激源，其大脑一直沉浸在皮质醇和肾上腺素的持续作用中。而这些激素往往与抗争、逃避和压力有关。有些孩子可能三四岁时就接触了这些刺激源，甚至只有两岁。但是，他们一开始就在被动地接受刺激源，后面就慢慢发展为索取越来越多的新刺激源，而处理和应对这些刺激源超越了他们的年龄的接受程度。按照列维京的观点，当儿童和年轻人周围不断有新奇的感官刺激时，他们就被投射进了一个持续过度活跃的状态中。他认为“多任务处理给人们创造了多巴胺成瘾的反馈循环，大脑因为没有集中注意力、不断寻求新的刺激源而受到奖励”。

正是这种高度活跃的状态可能会在当今的儿童中引发一些新的现象——儿童习惯了从响应密集短时的刺激源中获得快感。《大脱节：数字时代保护童年及家庭关系》的作者、临床心理学家凯瑟琳·斯坦纳·阿黛尔认为，当儿童被要求放下手中的数字设备远离网络时，我们最常听到的抱怨是“我感到很无聊”。手边的数字设备屏幕上有令人眼花缭乱的好玩的东西，他们很快就沉溺其中，逐渐习惯后，就会进入半成瘾的状态，不断去寻求感官刺激。当这种不断出现的刺激源被剥夺后，可想而知，孩子们会被一种莫名的无聊感吞噬。

我好无聊。其实，无聊也分很多种。有一种是自然的无聊，孩子们偶尔的一声叹息恰能为他们提供自己创造娱乐形式和简单乐趣的动力。沃尔特·本杰明几年前把这种无聊描述成“能生出经验之蛋的梦想之鸟”。另一种无聊是文化诱导的，这种无聊形式伴随着过多的数字刺激而产生。这种无聊形式能使儿童失去活力，使他们失去探索和创造自己真实体验的欲望，让他们不愿意走出房间、家和学校去探索，去创造。斯坦纳·阿黛尔曾说："如果孩子们玩数字设备成瘾，那么他们将不知道如何度过他们所说的无聊的神游状态，而孩童的神游通常是创造力的必要前奏。"我们本想给孩子最好的东西，才会为他们提供最新的电子书和创新技术，但是这样做却恰恰剥夺了他们对阅读内容构建自己理解框架的动力，也使他们没有时间去思考和构建自己想象的外部世界。童年，不就应该是孩子们恣意驰骋想象力的时候吗？如果孩子觉得空下来就是无聊，无法自己想象，这简直是人类文明的耻辱。

这既不是老掉牙的哀叹，也不是对技术的无端排斥，技术也会促进儿童想象力的发展，我们稍后会谈及数字媒介的这种功效。孩子们的童年不再和以前一样。被数字媒介绑架的童年不应该只是文化研究的议题，也不该是可望而不可即的奢侈品，随便被我们搪塞过去。我们可能会问，真正迷失的童年是什么？有些人说，是那种为生活而挣扎的童年吗？难道那些孩子不该是我们最关注的对象吗？我从来没有不关注那些孩子。他们生活的重心只有活着，其他的都不重要了。

但是，我也为每个小孩感到担忧。太多的孩子痴迷于数字媒介的刺激和娱乐节目，他们已经很难离开屏幕，去发掘自身的创造力，去自娱自乐。很多孩子成长在有灌木丛和树枝的地方，他们本可以在那里随意玩耍，那里本可以成为他们的火星基地。曾几何时，将一块餐巾盖在木棍上，就能在桌子上搭起印第安人的帐篷。孩童们围坐在桌前，可以在想象的游戏中玩上大半天，到了吃饭时间都舍不得放下自己的游戏。时间会在这样的空间静止，他们不断动手动脑，思维空间会延长，会扩容。脑神经科学家说过一句让人难忘的话：“不断刺激孩子们的运动皮质，能增强他们的认知能力。”

在年长一点儿的群体中，这些问题变得更加突出，因为很多青少年每天花在电子屏幕上的时间不断翻倍，甚至到了每天12个小时的地步。数字媒介让人分神的因素不断升级，种类也更加繁多。斯坦纳·阿黛尔直言不讳地指出儿童沉浸数字媒介的上瘾问题。“说成瘾并不夸张：这是一个现实……作为成年人，我们可能选择不去理会神经科学的研究结果，对东西上瘾了，会破罐子破摔。但据我所知，没有哪一个关心孩子的父母会明知故犯，随意拿孩子的前程来冒险。不过，还是有很多父母把容易上瘾的设备交给孩子。要知道，孩子对于数字设备毫无免疫力，这些设备时刻影响着他们正在发育的大脑。天下父母无不望子成龙，望女成凤，却用随手可拿的手机和平板电脑置孩子于危险之中，这是什么道理呢？”

要说数字时代对于青年一代成瘾的影响，恐怕没有谁比阿莱格拉嘉·古德曼在小说《粉笔艺术家》一书中有关艾登的描写更加贴切，也更让人揪心的了。艾登是一个聪明而敏感的年轻人，他同时生活在马萨诸塞州的剑桥和虚拟世界中。这个善良的男孩每天醒着的时候，都待在一个血腥的虚拟世界中，后来他连觉都不肯睡，整天沉迷其中，结局悲惨。还有一些临床学家，如神经病学家爱德华·哈洛韦尔认为我们正在培养一群患有继发性注意力缺陷的儿童。因为环境中充满了数字媒介的持续干扰，造成了孩子们对数字设备的痴迷。这些临床医学家担心越来越多的儿童被诊断为注意力缺陷，导致他们无法学习。这不仅是儿童注意力缺失的问题，也折射了在数字时代，整整一代读者都在遭受“注意力缺失”的境况。

斯坦福大学神经科学家拉塞尔·波德拉克和他的团队已经对这个问题进行了10多年的调查。他们研究的课题包括观察有注意力缺陷和无此缺陷的儿童的生理差异，在数字媒介影响下成长起来的学生在处理多任务过程中表现出来的差异。对于诊断出患有注意力缺陷的儿童，他们的大脑前额皮质抑制系统存在显著差异，而这种差异对于集中注意力非常必要。具体而言，有注意力缺陷问题的儿童似乎不太能够将注意力集中在某一项任务上，因为他们无法控制自己对其他活动的关注。鉴于数字世界的干扰越来越多，本来没有注意力缺陷的儿童也可能因为环境的影响，逐渐产生与患有注意力缺陷的儿童类似的行为模式。如果是这样，这些变化会对儿童的其他方面发展产生什么影响呢?

例如，在数字时代还出现了一个积极的影响。在数字时代长大的儿童对于应对在多种信息渠道转移注意力是游刃有余的，且不会影响其在关注各种刺激源的表现结果。迄今为止，已经出现了大量有关任务转换或者注意力切换的研究，这些研究通常是针对成年人进行的。但以前波德拉克以及其他学者的研究都证明大部分人在切换注意力时大脑得付出一定的代价（深度处理任何信息的能力）。而波德拉克近期的一项研究说明在数字时代成长起来的小孩，如果在某一项任务上训练有素，他们就能在切换和处理多项任务时游刃有余。假如孩子们比大多数成年人更擅长处理多种信息来源，他们就能掌握未来更多重要工作所必需的技能。换言之，就算他们没能做好准备成为航空调度员，也可能会比父辈更善于学会在面对干扰时集中注意力，并高效地完成任务。而其中的脑神经回路细节，我们则需要深入研究，才能得到彻底且系统的了解。这一发现非常重要，调查结果显示利用数字设备进行阅读的人，他们有90%的情况是在处理多项任务，而在阅读纸质图书时，他们只有1%的情况是在同时处理其他任务。

我一方面感受到了数字文化推动人类生活多方面的进步，另一方面开始隐隐担忧这些变化背后始料未及的负面影响。我们正处在这样一个风口浪尖上。斯坦纳·阿黛尔和豪威尔等人的研究表明，针对数字媒介对孩子们不可避免的各种影响，我们需要开展更加细致深入的研究。

跳跃思维模式中的工作记忆能力

因为我对注意力和阅读最了解，知道它们是受认知影响最大的方面，所以我将从此入手。这也是科技最有可能促成积极变革的地方。幼儿天生具有短暂的注意力，但这种注意力也具有探索性。外界信息的不断输入将导致注意力持续的时间越来越短。研究人员必须弄明白数字设备对记忆和认知的其他方面所产生的影响。儿童储存工作记忆的能力问题，是学习阅读和数字时最重要的一个变量。作家麦吉·杰克逊在考虑工作记忆的时候，非常看好数字时代："我们的工作记忆能力有点儿像悄无声息不断闪现在时代广场电子屏幕上的新闻：实时更新，每次只有一个小片段，不可回放。"成年人在观看电视新闻节目时，无法既听广播又去阅读零散的新闻。如果非要那样做，我们两者都做不好。如果孩子周围总有各种各样的刺激源来吸引他们，这将对他们工作记忆能力的培养产生怎样的影响？我们得找出这个问题的答案。

第二个问题涉及其他形式的记忆。如果工作记忆方式已经发生变化，长期记忆必然也会变化。如果工作记忆和长期记忆都改变了，就得关注这两个变化对儿童背景知识构建带来的影响。而从最开始儿童形成阅读脑神经回路时，他们储备背景知识的能力就会影响阅读脑神经回路的分布和发展。

与此相关的间接证据不断涌现。早期的证据包括在21世纪初期，荷兰科学家玛丽亚·德·荣和阿德里亚娜·巴斯发现儿童上网时呈现的跳跃思维模式。虽然当时的电子书远没有现在这么发达，但是基本的情况类似：孩子要么听普通的电子书，要么听分散注意力的富媒体电子书。四五岁的荷兰小朋友是用直觉而非刻意去选择他们关注的东西的。他们会点读，聆听，玩电子书的一些附加功能，偶尔才会关注文本。因阅读能力所限，相比聆听普通的电子文本，他们有些跟不上作者的叙述思路，也记不住所有的细节。换言之，引起孩子注意力的各种刺激源影响了他们的记忆力，进而影响了他们的理解力。

最近的研究巩固了这一发现。在过去几年，琼甘兹库尼研究中心和麦克阿瑟基金会数字媒介与学习计划就技术对儿童的影响进行了一系列重要的研究，并发布了系列报告。在与上述研究相似的一项调查中，琼甘兹库尼中心的研究人员比较了纸质书籍与电子书以及富媒体电子书阅读对儿童识字能力的影响。他们发现富媒体电子书分散注意力的功能设置比较多样，会妨碍听者或者读者对故事的理解。对于初级阅读者而言，富媒体电子书的一些功能过于频繁地分散读者的注意力，使他们很容易从故事的叙述中偏离。琼甘兹库尼研究中心的研究结果与很多其他针对类似课题的研究发现类似，包括推出了新著作的发展心理学家凯西·赫胥·帕赛克和罗伯特·格利科夫的发现。总之，太花哨的技术无法帮助读者培养更强的阅读技巧，违背了富媒体技术设计的初衷。所有的阅读媒介本应该是增强读者在阅读时大脑的交互响应的。

上述研究的对象大多数是幼儿，他们无法理解故事，也无法记住故事的细节。在第四封信中，我们提到安妮·曼根对年龄稍大的学生的阅读问题的担忧。回想一下，那些年龄较大的学生在阅读电子屏幕而不是纸质图书时，更不可能记住浪漫爱情故事的顺序和细节。这两项研究结果都表明，数字时代读者的注意力和记忆形式之间的关系发生了变化。这种变化可能对儿童的理解力及其开展深度阅读的能力产生重大的影响。以色列科学家塔米·卡特兹尔在一项针对五年级儿童的大型重要研究中发现了这一点。受调查的儿童们利用屏幕和纸媒阅读相同的故事，阅读媒介的差异会导致阅读理解效果的显著差异。尽管大多数孩子表达了对数字阅读的偏好，但他们只有在阅读纸质图书时，才能更好地理解阅读的内容。

在现有的研究中，还有一部分研究是缺失的，即针对儿童持久的部分注意力、工作记忆以及深度阅读能力培养和运用之间的关系的问题的研究。让我们从前三个关系开始。在数字时代中，孩子期望从阅读中获得不间断的信息输入，这将如何影响孩子的记忆力和背景知识的构建呢？其实我们的孩子们越来越依赖外部的知识来源，专家级读者进行阅读时更是如此。因此，当孩子们越发依赖外部知识源时，如果他们总是不断地上网用谷歌搜索引擎或者看脸书评论，到底会产生怎样的影响？这里，我要提出几种假设。

第一种假设：期望值过高将导致挫败感。多年前，我作为一名崭露头角的研究员，在意大利举行的国际神经科学会议上发表了生平第一份正式的研究报告。之后，一位英国著名研究员约翰·莫顿想和我谈谈他的支持性记忆研究。他首先让我做了一个小实验：他报数字，我把数字准确地再报给他，这可以说是一个常见的记忆任务。他一开始并没有说明这一点，也没有告诉我一次要报多少个数字。他只是一直不停地报数字。实际上，他每组会报约7个数字，最多的时候是9个，最少的时候是5个。忙着完成任务的我没有发觉这种模式。相反，我希望他每次都能给我更多的数字来测试我的工作记忆能力。后来，我完全招架不住了，连7个数字都没有办法重复。我一直在等待后面可能出现的更多的数字，这种期待反而让我错过了之前听到的很多数字。我出了大糗。虽然这件事情已经过去30多年，但那位让人肃然起敬的莫顿教授仍让我谨记期望过高会导致失败的道理。

经历了那次打击，我做出了这样的假设：由于孩子们对着电子屏幕阅读，他们会认为自己没有办法记住不断向上滚动的信息，因此儿童对工作记忆的使用日趋减少。电子屏幕阅读的方式会在很大程度上影响我们对图书的阅读。鉴于孩子们往往会把数字设备屏幕与电视以及电影联系起来，那么他们是否会以对待电影画面那样的方式来处理数字设备屏幕上的文字信息呢？这就出现了一个问题，儿童认定自己无法记住电子屏幕里出现的各种细节和刺激源，也就放任自己不去记忆了。而年长的人虽然已经发展了工作记忆能力，但由于电子屏幕阅读方式让他们使用工作记忆的机会减少，他们也觉得对着电子屏幕阅读与看电影没有太大的区别，所以就不会像记住纸上的东西一样努力去记住电子屏幕上的内容。

第二种假设：关注多种刺激源将带来后果。如果上述推测为真，那么我们可以推断出下列两点：第一，人们会大大减少对文字的顺序和细节信息的处理，读者的记忆力也将受此影响。第二，当人们在纸媒上阅读时，可以回过头来阅读之前的内容，从递归维度来看，当在电子屏幕上阅读时，人们很少会跳回上文重看。如此一来，屏幕上呈现的文字就会与电影里短暂呈现的不断移动的图像一样，具有瞬时性的特征。按照麦吉·杰克逊的说法，在屏幕上我们没法回放。因此，书面语言中的递归维度将被忽视。

在认知发展方面，递归可辅助回顾，而回顾过往的信息有助于儿童把控其理解的内容，推进他们在强化工作记忆的过程中不断回顾细节，巩固所学的知识，将消化的信息储存在长期记忆中。如果他们无意识地在电子屏幕上以看电影的方式处理信息，那么细节就会转瞬即逝，变得不够具体。从字面意思上看，这些细节的排序会在记忆中变得更加模糊，就像曼根调查研究的结果一样。曼根致力于研究年龄稍长的读者的阅读行为。此外，这种现象也很可能出现在更加年幼的儿童中。

如果这种观点成立，我可不敢妄称是自己先提出来的。芝加哥大学历史学家埃利森·温特在20世纪对记忆的重要作用进行了发人深省的综述。她认为，人类社会中诸如电影、录音机和电脑等发明，已经彻底改变了我们的工作记忆和思维活动。有意思的是，这些发明本身是能够解释记忆力在不同时代的运作方式的。她声称，大多数人仍然认为大脑对某些文字或者事物的映射是真实的，而不去管阅读的媒介是什么。我在这里拓展一下她的理论：在大脑中放电影既可以解释孩子的工作记忆中可能发生了什么，也展现了孩子在屏幕上观看事物的心理和习惯。结果是快照式的信息获得方式使得当今的孩子越来越少地调用记忆力。我们对此并非束手无策，至少在童年开始的时候，我们可以对此做出改变。

英国心理学家苏珊·格林菲尔德在她的作品中支持了这一假设。像曼根一样，苏珊强调了当孩子们在屏幕上处理信息时最常见的叙事特征，例如有关情节的非随机性因果链及次序感可能无法被孩子理解，“虽然了解叙事是人们理解故事的必要条件，但是在互联网上阅读并不能保证满足这个条件。互联网阅读的典型特征是多种选择、超文本和随机参与”。此外，她还提出一个问题：“当通过屏幕输入的信息以图像和图片而非文字的形式到达大脑时，在默认的情况下，信息接收者是否有可能更容易地从字面上去理解，而非使用抽象思维去看待事物呢？”

屏幕和叙事之间的不匹配是否会导致工作记忆和抽象思维的变化，这需要更深入的研究。然而，这些现象对儿童产生影响的问题会随着时间的推移不断深化，在整个社会层面变得更加重要。所有人，无论年龄大小，其实都是利用综合记忆力来建立自身的背景知识储备，借此对其在屏幕上看到的信息的真实性和精确性做出批判性分析。屏幕和叙事之间的不匹配对儿童乃至成年人的影响具有更加普遍的意义，其重要性不言而喻。

儿童内化的知识

深度阅读和认知发展的核心是培养儿童使用已经知道的知识来比较和理解新信息，再利用新的学习行为来构建更多概念丰富的背景知识。下面让我用两个例子详细说明：一个来自你的过去，一个来自我的现在。回想一下《好奇猴乔治》，可爱淘气的猴子一不小心登上了已升空的气球，当他低头看着远处的地面时，他大笑着说：房子看起来“又小又旧”。熟悉娃娃屋小巧外形的孩子们，看到这句话会开始理解新的东西：同一件事情从不同角度看会有所不同。从空中俯瞰，房子就变得更小了。这种比较也引出了图像深度感知的概念。

仅当孩子已经建立了已有的知识库，在阅读时完成了新、旧信息的比较时，这些比较行为才会对儿童起作用。最近，我访问了埃塞俄比亚偏远地区的一群活泼的孩子，那里没有校舍，也没有电力、自来水供应，地上也没有铺设地板。我们当时去开展全球“扫盲”活动。我给孩子们展示了章鱼的照片，他们笑了。他们从未看到或听说过这样的生物，就算有翻译人员帮忙解释章鱼的海洋家园，他们也听不懂。我们最初设计的扫除知识障碍应用程序的设定没法在当地落实，原因是应用程序里使用了美人鱼和其他海洋生物的场景。对于每天不得不步行两个小时去取水的孩子们来说，海洋是一个完全没有办法想象的概念，他们也没法理解为什么会有猴子坐气球飞到天上去。

类比的方法在已知和未知之间建立起了重要的联系，它是儿童发展过程中一个复杂的概念，在很大程度上受到孩子们所处环境以及从环境中获得或未得经验的影响。对于西方文化中的许多孩子来说，从生长环境中获得丰富的知识储备是很平常的。一个矛盾的问题是，所处的环境为孩子们提供了过多的信息，留给孩子们提问的时间和空间就变得太少了。

麦吉·杰克逊提出了一个发人深省的观点，即当信息过载时，背景知识的建立实际上将变得更加困难。她的观点与我对孩子的工作记忆的观点一样，她认为因为我们获得的信息过多，我们不再花费时间来回顾、类比，也不再以从纸媒上获得信息的方式来储存新输入的信息，这会影响我们的知识储备，也会影响我们的推理能力。

无论是建立记忆、存储背景知识，还是其他深度阅读过程，花时间处理我们所感知和阅读的内容都至关重要。文学评论家凯瑟琳·海尔斯强调了这个观点。她指出，虽然我们有大量证据表明数字媒介正在增加刺激的音量和节奏，但我们却忽视了加快处理信息的节奏意味着观众对信息做出回应的时间在减少。如果我们将这种洞察力与深度阅读脑神经回路关联起来，就会发现处理和感知的时间缩短意味着将输入信息与一个人的背景知识交互发生作用的时间也相应减少，这将会降低人们调用深度阅读的其他思维过程的频率和强度。

它也可能降低人们深度阅读的能力。伊娃·霍夫曼认为成年人基于计算机的时间感使我们习惯于更快、更短的思想和感知。对于儿童来说，面对更多的信息融合，却没有相应的时间来处理这些信息，这可能对注意力和记忆力的发展构成最大的威胁，对开发和使用更复杂的阅读方式和思想也产生了严重的间接后果。深度阅读脑神经回路中的每一环都是相互依赖的。如果孩子们因为越发依赖于外界的知识来源（例如谷歌和脸书）使个人的知识储备更少，他们对已知内容和首次阅读信息进行类比进而得出准确推论的能力将会受到严重的影响，而且这种影响是无法预测的。他们只会想当然地觉得自己懂了。

这可能听起来很熟悉。如果苏格拉底活着，他肯定也会这样觉得。苏格拉底曾坦言他的担忧：如果这些学生过度依赖"无法与人交谈的莎草纸"，那么他们所获得的知识往往会变得虚无缥缈，他们无法真正拥有知识。过去150年间，人们对于这个主题的各种类型的担忧不绝于耳，作家和电影制作人对我们越来越依赖各种形式的技术提出质疑。在《阿波罗13号》中扮演宇航员的汤姆·汉克斯和在《火星救援》中扮演植物学家的马特·达蒙都通过角色向我们展示了绝境求生的能力。就算失去了依靠技术的能力，他们也有能力依靠自己的知识，获得较大的生存概率。21世纪头20多年，我们的孩子就像这些虚构的科学家角色一样，从幼儿园到高中接受教育，不断提升自己的技术能力，内化所储备的知识，并不断扩展知识库。

因此，苏格拉底一直担忧的问题在21世纪变成了：当今的文化充斥着信息流和各种干扰，是否会改变或者减少儿童的注意力和记忆力？互联网搜索是否会让孩子不再像以前那样努力去学习并消化新的知识？如果这两个问题中的任意一个问题的答案是肯定的，我们就是在被动接受知识，不再积极构建自己的知识储备，那么在此基础上进行关联和推断的能力是否会逐渐退化？

如果这些场景中的任何一种成为现实，这些变化是否会改变深度阅读的其他思维过程，尤其是下一代人同理心的形成、多角度看待问题、批判性分析以及用语言表达创造性思维的过程？以视觉形式呈现的知识能否弥补这些损失？我们能否为这些关键技能的发展提供替代工具呢？当我们引导孩童过分或太早依赖并快速获得外部知识来源时，我们会篡改年轻人的智力发展路径吗？相反，当我们教导人们过分依赖传统形式的知识时，我们是否阻碍他们在数字时代发掘自己的潜能？孩童的智力发展取决于我们能否在这两者间找到恰当的动态平衡。

对技术忧心忡忡的苏格拉底并非是唯一提出这些想法的人。接受查理·罗斯的采访时，谷歌的创始人埃里克·施密特告诫：“我担心信息如此高频率地打扰我们，传输速度又如此快速……实际上，它们正在改变人类的认知。它们正在影响我们更深层次的思考。”我希望施密特先生不会因为自己过于坦率而后悔，但我很感激他的诚实表达，这也让我感到忧虑。

变化的认知过程会改变深度阅读和深入思考的能力吗？

凯瑟琳·斯坦纳·阿黛尔将她的书命名为《大脱节：数字时代保护童年及家庭关系》，她希望父母可以帮助孩子摆脱过度使用数字化技术的影响。我相信阿黛尔会同意这一说法：当孩童们发现自己能够轻松地获取外部知识来源时，他们就不会那么努力地构建自己的知识库，依靠自己的知识库处理信息了，而如果一味求助外援信息，时间维度的脱节问题将不可避免。心理学家苏珊·格林菲尔德在思想实验中深化了这个观点："想象一下，未来人们会习惯于从外部获取任何形式的参考资料，根本不会费力地内化事实，更不用说将它们置于具体的情境中，努力去欣赏信息的意义，加深理解了。"

所有这些问题和担忧似乎都与未来主义者雷·库兹韦尔构建未来智力概念框架的有见地的研究成果相矛盾。在他的工作和非凡的发明中，库兹韦尔正致力于创建一个人类智能与人工智能继续融合（奇点原则）的未来，使我们能够发展指数级扩展的智力。事实上，他设想了未来的情景。

无论库兹韦尔如何解决未来愿景中涉及的道德和人际社会问题，未来几代人能否发展出高度复杂的类比能力、同理心、批判性分析能力和创造能力都取决于我们。没有哪一所大学的内部审查委员会允许研究人员在没有任何证据的前提下，在不知道其副作用或者对实验对象产生的后果的前提下，就引进一套完整的、可能让人上瘾的注意力驱动方式，但我们的文化却以这样的方式粗暴地对待我们的孩子。

特斯坦·哈里斯是一位硅谷技术专家，他对各种应用程序和设备采用的说服式设计原则了如指掌。各种基于该类原则设计的应用程序和设备具有让人成瘾的特征，他多次对此公开抨击。硅谷的另一位专家约什·艾尔曼支持哈里斯的观点。他们将各种设备使用的上瘾特征与烟草中具有致癌物尼古丁的情况进行类比，指出尼古丁的致癌性也是在广泛推广后才发现的。“合理安排时间”运动发起人哈里斯最近在接受美国公共电视网和《大西洋月报》采访时表示：“谷歌、苹果和脸书——这三家公司的设计师大多是男性，白人，生活在旧金山，年龄25~35岁，他们的决定和工作对全世界数百万人的注意力产生了空前绝后的影响。我们应该担负起应有的责任，让人们明白其影响力，并纠正其不合理性。”我想包括这三家公司领导和普通员工在内的所有人应该都会同意：因为工作性质特殊，我们要承担这些责任，尽量避免对注意力造成不良影响，在设计中尽可能考虑用户长期使用这些应用程序的结果和影响。

要肩负起这个责任，我们首先要承认，现在10亿的手机用户中有很多儿童。我们的年轻人最容易受到数字设备和各种应用程序说服式设计原则的影响。这些技术可能是为了迎合青少年渴望被社会接纳的心理，也有可能出于推广和加强用户使用频率而采用的间歇性强化手段。无论初衷和形式如何，都应该考虑到对用户心理和思维的影响。心理学家伯尔赫斯·弗雷德里克·斯金纳的鸽子和我们的孩子一样，知道如何通过强化获得奖励。设计师知道，赌场知道，身为父母的我们更应该知道。

接下来，我们应该支持并开展冷静的纵向研究，了解各种媒体和媒介对不同儿童的注意力、记忆力、口语和书面语发展的积极和消极影响，包括成瘾性。我们需要将有关印刷和屏幕媒体的现有知识关联起来，虽然其中有一些是彼此矛盾的，努力了解每种媒介在不同社会经济环境中针对不同年龄、认知多样化的儿童相对理想的成长轨迹所扮演的角色。但愿我们没有错过研究的最佳时间。

我们可能会有两种看似矛盾的看法，而不受认知失调的影响。如今，孩子的智力发展已超出非此即彼的二元通信困境，数字媒介和传统媒介本身不能一较高下。到目前为止，我已经提醒过大家，数字媒介可能会带来种种负面的影响。尽管如此，我相信凭借不断发展的人类智慧，我们仍可以将科学与技术相结合，积极辨别每个孩子从出生到青春期的最佳发展道路，确定他们使用不同媒介、设备和数字工具的最佳状态和时间。

纸媒好，还是数字媒介好？其中的利害关系重大，我们是无法按照二分法来判定的。事实上，我们既不能倒退，也不能盲目草率地前进。在这种背景下，欧洲电子阅读网络、新美国、琼甘兹库尼研究中心和麦克阿瑟基金会项目等研究人员所做的工作让人深受鼓舞。他们坚定不移地关注数字媒介的优劣势及其对儿童生活的影响。像他们一样，我相信我们所有工作的重点是帮助“建立思维习惯和批判性探究的技能，使孩童学习来自各种媒介的信息，包括电子屏幕和传统纸媒”。

围绕阅读脑发育诸多问题的研究，人们的看法各异，且很多研究尚无定论。常有人问：接下来该怎么办？本书接下来的三封信将系统阐述构建0~10岁儿童阅读脑神经回路和发育的本质和方法。然后，我会说明未来阅读脑的蓝图，结论可能会让所有人惊讶！

本书作者

第六封信

从亲子阅读到自主阅读——孩子你慢慢来!

真正的障碍是……在这场掠夺注意力的斗争中，与让人兴奋的多媒体产品相比，书籍真的会一败涂地吗?我们面对现实吧!数字媒介才是真正的问题所在。如果我们不能直面它，不仔细研究它，就无法真正理解21世纪儿童的读写能力。

——丽莎·根西和迈克尔·莱文

无论我们喜欢与否，书籍和电子屏幕都彼此联系。只有耐心地理顺两者之间的纠葛，我们才能理解新技术是否会改变我们的阅读方式。

——安德鲁·派珀

亲爱的读者:

育婴房是一切开始的地方。从婴儿躺在大人的怀抱，坐在大人的腿上起，阅读就开始了。大人和小孩四目相对，大人轻声细语，小孩慢慢跟着咿呀学语，这样的彼此凝视将孩子带入理想的阅读生活。在婴儿学会说第一个单词前，这种亲子阅读就已经将感觉与注意力、记忆、知觉、儿童脑部的语言区域相关联。

早期的大脑发育表明，大脑激活感觉的网络在认知活动开始前已经形成，这并非巧合。我一直对这样一个事实感到震惊：婴儿的杏仁核（参与记住情感方面）在与它的近邻——海马体这个更著名的记忆存储地点形成网络之前，就已布下了自己的神经网络。西格蒙德·弗洛伊德、约翰·鲍比、玛丽·爱因斯沃斯以及心理学史上的鼻祖，都强调了儿童生活中早期情感和依恋的重要性。这个事实强调了这些心理学现象的生理基础。

婴儿无法连贯地表达自己的想法，但他们从一开始就在学习处理信息。在一项引人入胜的研究中，斯坦尼斯拉斯·迪昂和他的妻子神经影像学家吉丝兰·迪昂–林巴狄斯对两个月大的婴儿在聆听母亲说话时的大脑活动进行了观察和记录。他们使用非常舒适的功能性磁共振成像技术，发现这些婴儿在听取母亲说话时大脑被激活的区域，与成人听取语音的语言神经网络对应。由于婴儿的脑部未开始髓鞘化，婴儿的语言网络在发育的最初几个月中是慢慢被激活的。一旦髓鞘化完成，就能很快增加大脑不同区域各种神经元之间的信息传输，且速度越来越快。因此，在我们大多数人意识到婴儿可能在听我们说话之前，婴儿其实一直在聆听人类的声音和发展自己的语言系统之间建立惊人的联系。

想一想，当父母慢慢地对着孩子专注地朗读，双方的注意力都高度集中时，这样的阅读会更快地激活婴儿的大脑。这种非常简单的行为为婴儿日后的发展奠定了重要基础。它不仅为婴儿提供了将思维活动与阅读关联的机会，而且还提供了亲子互动，并共同关注某件事情的时间。大人和孩子一起学习单词、句子和概念，甚至学习一本书的内容。当父母读书给婴儿听时，双方共同凝视书本或者图片，这将对幼儿的注意力产生最显著的影响。可能还没意识到要努力，孩子们就已学会将他们的视觉注意力集中在父母或看护人所看到的东西上，并带着自己的好奇心去探索。哲学家查尔斯·泰勒指出：“人类学习语言的关键条件是共同关注。”除了这位学者外，还有很多其他人也在研究语言的个体发生。他们都认为语言是人类进化最重要的一个特征。

我们可以看一下，当父母或者看护人给孩子读书时会对语言发展产生怎样的影响。儿科神经病学家约翰·赫顿、斯科特·赫兰德与其同事在辛辛那提儿童医院医疗中心开展了新的脑成像研究。研究结果表明：幼儿在阅读的时候，其语言网络被广泛激活。在这组研究中，婴儿的母亲对着婴儿朗读，赫顿小组展示了婴儿的大脑在听故事时的活跃程度，他们与母亲一起体验各种故事：大红狗、失控的兔子和猴子的冒险。研究显示，不仅在婴儿大脑负责接收语言信息的区域中发生了显著变化（表明阅读活动增强了词汇学习的效果），而且在大脑负责语言学习的表达区域，也显示了相当活跃的变化，这说明阅读的共同关注能推动儿童表达新的单词和思想。

幼儿启蒙：人生头两年的阅读时光

无论是从认知还是从社会情感的角度来看，阅读的头两年是赐予儿童力量的关键时期。来自诺维奇的朱利安曾吟诵“明天会更好，明天会更好，一切都会更好”。这种话朗朗上口，当你读给孩子听的时候，一切都有了意义。你在帮助孩子构建阅读脑神经回路，神经回路的每个环节都在慢慢贯通。这样做的好处无法用言语形容。阅读脑神经回路的每个部分都需要在孩子学会阅读前的5年内开发完成。无论是讲述勇敢的火车和野猪的故事，还是《晚安，月亮》中隐藏着的小老鼠，它们都传达了一些儿童发展必须掌握的基本概念。只有学会了这些概念，才能引导年幼的孩子了解生活，掌握语言和文字。

大人读书给孩子听，这也是孩子学习文字运用的最佳办法。本书第二封信中提及我研究的一个重要课题是信息的表征，它是阅读脑神经回路的基本元素。当你读书给孩子听的时候，孩子就能接触信息的多种表达形式、口语中的音素、书面文字中的字母和字母规律等视觉图形、口头和书面文字的含义等。每当孩子听到、看到、触摸、闻到书本时，年幼的大脑就会记下这些信息的表征。当你的孩子乞求你一遍遍地阅读《兔子大逃亡》、《托马斯小火车》或《玛德琳》时，孩子就在不停地接触这些信息，这正是加强和巩固信息的各种表征方式。

尽管有些人可能认为，一开始不过是给孩子听了一些单词，但幼儿阶段的阅读影响着概念的建立和语言的发展。请记住，这个过程既有助于孩子构建已知的概念和单词体系，也为日后的阅读奠定了基础。一遍遍地翻书，也是给孩子们构建类比思维、使其语言不断丰富和发展的过程。当你和孩子说话时，他们有了接触话语的机会。这种经历非常奇妙。当你和孩子一起阅读时，他们就沉浸在全新的表达方式中，这些语句和他们平时接触的语言不同，周围那么多人说话，未必都会用上这样的单词或者语句。他们接触到的不仅是书中的词汇，而是故事的情节和句子的结构和语法，文字的押韵，打油诗和歌词的节奏和韵律。这些信息仅靠孩子与大人日常的口语表达，是完全不可能涉及的。

所有这些早期经历都为儿童的阅读生活提供了理想的开端。第一，亲子阅读的互动为儿童建立了阅读与触觉和感受的联系；第二，通过共同注视和温和的指令，亲子双方发展了共同关注的能力；第三，孩子们每天都能接触新词和新概念，这些词和概念在同一页面上的同一个地方，每天都像魔术一样在孩子面前重现。

为什么要亲子阅读?

可能有人会问，既然数字设备可以毫不费力地提供更易重复的单词和概念，毕竟各种各样的电子媒体形式多样，难道儿童就不能借助数字设备学习吗？显然，有一件事情很容易被忽略的。我在这里先介绍几个概念，以方便大家按步骤尽早开始亲子阅读。

早期阅读体验的一个最显著特征是实体性，另一个显著特征是再现性。返回上文再次重温好奇猴乔治的经历，这是很容易做到的事情。但是如果在电子屏幕上阅读，就不会有这样的空间感，也无法实现再现。安德鲁·派珀在《书已不在眼前：电子时代的阅读》一书中说："电子书页是虚假的，无法提供直观的体验。"

图书是培养幼儿阅读兴趣的极佳工具，可惜其作用一直被低估。读书时，一页页翻阅的过程为幼儿的认知、语言重复和情景再现提供了参照的实物，能让幼儿全方位接触书页上呈现的图像和概念。这是形成儿童背景知识储备的最早的输入途径。我希望儿童能体验图书的实体感，然后再去接触轻轻一点就移动且信息转瞬即逝的电子屏幕。有太多的幼儿太早自行使用电子设备，无论是在认字能力还是在认知水平方面，他们都远没有准备好。他们面对平板电脑的娱乐信息，既没有办法感受父母身体的温度，也无法聆听父母的轻声细语。

安德鲁·派珀和内奥米·巴伦说过，阅读不仅有利于幼儿的大脑和思维发育，还会调动孩子们的整个感官体系。他们看书、闻书、听书、触摸书。在博学并富有爱心的父母的陪伴下，他们也会感受到读书的快乐。而对于没有亲情温度的电子屏幕，他们不会感受到有温度的体验。看书，听书，用嘴巴碰一碰书，用小手摸一摸书，这些动作都能帮助孩子们在特定的时段里建立多种感官和语言的联系。小朋友用嘴去啃苹果平板电脑的那种冷冰冰的感觉肯定不同。皮亚杰最早承认了儿童认知发展的感觉运动阶段的存在。

发展心理学家过去几年的研究表明，在两岁左右的幼儿早期语言发展中，是否接触各种装置的铃声和口哨声对孩子的影响不同。听觉获得了刺激，且语言输入以亲子阅读为主的孩子日后在语言测评方面有更出色的表现。

这样的发现更直观，且符合人的本能预期。非人体的语言输入少了针对特定视点的专注力，因为声源不是针对某一个孩子的。此外，由于外界有诸多干扰，幼儿很少将眼睛或耳朵关注在所说或所学的内容上。在年幼孩子的世界里，人是最重要的。我们竟然需要花力气找论据证明这一点，不得不说是一种悲哀。

但我们还是得去证明。更准确地说，我们需要证明哪些数字媒介是有用的，哪些数字媒介不适合幼儿早早使用。例如，在“常识媒体”最近进行的一项调查中，一项令人担忧的证据表明，过去10年中，父母亲自读书给孩子听的情况已经逐渐减少。这种现象有各种各样的原因，有些是老生常谈，有些是新增的因素。年轻父母总是因为无法理解父母对婴儿阅读的重要意义和原因，对此举表示不解甚至惊讶。有些人是因为他们没有意识到孩子们在阅读过程中所学到的东西，还有些人是有意无意地觉得阅读电子屏幕似乎更加符合时代潮流。美国有很多外来移民，他们不讲英语，这群移民身为父母，可能没有意识到用自己的母语读书给孩子听是培养孩子双语能力非常重要的手段。既然平板电脑已经成为孩子最新、最有效的安抚手段，有些父母可能就想让孩子专心地玩平板电脑，不哭不闹，他们就能从忙碌的生活中暂时解脱出来。就这样，他们错失了培养亲子阅读最宝贵的时机。

尽管人们已不断研究并得出结论，读书给儿童听是培养幼儿阅读能力非常重要的步骤，但亲子阅读的现象还是在不断减少。在长达40多年的时间里，有研究发现：父母在一个人的幼年时期投入在亲子阅读的时间是他们成年后阅读能力和成就的重要指标。到目前为止，世界各地都有一系列出色的倡议，敦促父母这样做。例如，在儿科医生巴里·扎克曼和派利·克拉斯的倡导下美国儿科医生开展了“帮大家一起阅读”活动、意大利的“生来就读”项目以及朱迪·科赫在美国加利福尼亚州和中国成功开展的“给我一本书”项目。

“帮大家一起阅读”联盟本身就有充分的研究结果来支撑项目。这些研究详细展示了儿科医生给出的有关共享阅读的指示说明。每次儿童参加体检时，儿科医生都会鼓励父母充分利用等待时间，开展亲子阅读。值得留意的是，这里说的阅读是指图书，并非应用程序上的电子屏幕阅读。巴里·扎克曼、詹妮·拉德斯基和他们的同事详细阐述了儿科医生和家长指导阅读的原则：一定要利用实体书籍，而不是应用程序或电子书，这是开发对话式阅读的最佳基础。在这个阅读过程中，父母和孩子形成了一种交互式信息循环，有助于培养语感和参与感。赫顿所得到的大脑成像数据也证明了这种形式的阅读对儿童大脑早期语言区域的激活和发展起到了显著作用。

也就是说，在孩子两岁之前，要想开启理想的阅读世界，就必须让孩子尽可能少地接触数字设备。这种设备进入孩子世界的方式，应该像是毛绒玩具一样，不用特意去禁止，也不能把它们当作孩子表现好的奖励。多年前，当我们意识到两岁的戴维看电视看得太多时，我们家决定严格“禁止”看电视。我们不该责备戴维，应该被责备的人是我。我为了平衡家庭和职业，下班回到家时，无意间将电视用作戴维的安抚奶嘴，就像今天许多家长丢给孩子触摸屏设备一样。为了纠正这个问题，从戴维蹒跚学步到他10岁的时候，我的家里就不再看电视了。当戴维10岁的时候，他对电视的兴趣远远超过任何孩子，包括他的哥哥本——本看电视一直看到5岁。这种现象也不算太意外。

我不想夸大我的教训。每个孩子都不一样，但只要是人，无论男女老少，都免不了受到禁果的诱惑。一些可望不可即的东西一旦神秘化，就会勾起人们的好奇心甚至欲望。对于孩子和数字世界而言，要梳理的关系已经很复杂了，不要再让其变得更复杂。

对于两岁前的幼儿抚养，我们应该有个常识：数字设备与放在架子上的泰迪熊没什么两样，只是一个摆设，但绝对不应是孩童们钟爱的东西。两岁前，互动、接触图书和印刷品是孩子们接触语言——包括口语和书面语——并内化知识的最好手段。这将是孩子们搭建日后完善的阅读脑神经回路的基石。

2~5 岁：语言和思想齐飞

上帝创造了人类，因为上帝喜欢故事。

——埃利·威塞尔

在2~5岁这个阶段，沉浸在阅读中的孩子们被故事环绕。图书、绘本、单词、短语、字母、数字、颜色、蜡笔，都是可用的工具，还有音乐——音乐不能间断！还有其他在室内和室外所有能激发他们创造力、交流能力和身体探索的方式，都是他们的游戏。音乐训练和各种形式的体育运动（如体育和游戏）可以帮助孩子学习如何集中注意力，明白其中的自律和奖励机制。我们理想中的读者长大后，并非都会成为音乐家或运动员，但我希望他们能成为绘制自己阅读脑神经回路的小小的认知制图师，每当游览思维世界的新角落时，都会为扩建背景知识库，获取更多的文字体验提供新的素材。

我希望孩子在阅读世界中探索时能尽量扩大范围（在保证安全的前提下）。对于很多家长来说，这说起来容易，做起来难。乔·弗洛斯特的研究表明，自1970年以来，儿童活动的半径缩小了90%。原因有很多。但是，儿童在每次成功或不成功的探索中都会建立自己的内部背景知识。每一本听到的书，每一首唱过的歌，每一次做过的游戏，每一次读到的韵脚和重复的笑话，都将成为这个知识库的一部分。我们有很多方式可以拓展孩子人生阅历的边界。

比如，在孩子两岁前，父母和保育员应每天对着孩子阅读，晚上睡觉前也对其进行阅读，这样的阅读必须具有仪式感，并且规律。借此，孩子们不仅能尽情地在想象的世界中驰骋自己的思绪，还能逐渐熟悉故事和神话传说的叙事模式。这些将在他们日后的学习过程中不断出现。这些故事能让孩子们做好接纳自己的文化背景的准备，学到终身受用的道理。成为英雄、恶棍或者令人敬畏的公主意味着什么？如何行善？如何体验公平和公正？如何对抗不公平和不公正？每个文化背景中的道理都源于故事。

实际上，人类擅长讲故事。乔纳森·高特肖《讲故事的动物：故事造就人类社会》这本饶有趣味的书从文学的角度，提出故事有助于我们的孩子，乃至所有人理性应对对人类整个物种的成功至关重要的挑战。“这样的思想是对认知科学家斯蒂芬·平克观点的拓展。”故事与记忆连接，这与国际象棋的招式相似，当我们的生活中出现类似的困难时，故事就能更好地帮助我们找到解决问题的策略。

情况就是这样。小说阅读提供了新的途径，帮助我们构建阅读脑神经回路形成所必需的同理心和了解他人视角的方法。童年的故事帮助儿童学会以他人或者可爱的动物角色的角度看问题。他们会借此了解远在若干英里之外的大陆或者数百年前发生的事情。每当玛莎安慰乔治时，或者亲爱的大象霍顿试图帮助孵化其他动物的蛋时，每当年轻女孩或男孩读到史尼奇的故事时，他们会逐渐明白：这些角色无论多么努力，总有可能会因为自己的与众不同而受到伤害；生活中会有屡屡碰壁的情况，年幼的读者会从阅读这种故事的过程中产生同理心。从这些故事中学到的同理心将停留在孩子的记忆里，引导他们走向整个童年世界，并教导儿童形成一种最基本的价值观：亲情和同情。

简单的阅读行为背后有非常深刻的认知活动。与神经科学家的研究类似，当我们试图理解别人的感受和想法时，情感和认知就会受到激发，同理心是孩子感知同情的平台，也就是玛莎·努斯鲍姆提出的富有同情心的想象力。童年故事留给人们的馈赠从其中的简单魔法开始，但是这当中所传授的对他人的理解将贯穿整个生命周期。如果我们幸运的话，这将会影响下一代对待生活在这个星球上的人的方式。这里介绍了弗兰克·哈克穆尔德所描述的人类发展道德实验室。

毒菌和儿童的秘密语言

听故事是孩子学习为人处世之道的基础，也是他们识文认字的起点。当父母给孩子阅读故事的时候，新的单词会在孩子的眼前和耳边被强化，他们无意识地就记住了。他们会若有所思地跟读或者拖长某个单词的音，用某个音色来表达另一些单词的意思。“很久以前，在一片漆黑的被施了魔法的森林，没有光可以照进来，也没有任何人可以离开。正是在这个长期被诅咒的地方，一只又小又害羞的蟾蜍生活在一株硕大的毒菌下面。毒菌开口说话了！每天晚上，毒菌都会向蟾蜍低声说出秘密；每天清晨，蟾蜍都会把自己所有的秘密告诉他爱而不得的忧郁的公主。”

一般的父母不会使用如此生动形象的语言，也无法用各种形容词、介词短语和复合句来讲故事，更不会用“被施了魔法”、“长期被诅咒”以及“爱而不得”这一类词。这是故事独有的神秘语言，平常难得一见，却能将读者带入紧张、神秘而遥远的年代。孩子听故事，能不断地发展他们的口头和书面表达能力，使他们获取词语的语义、句法。他们甚至无意间“无师自通”学会了拼读。什么地方的人会把毒蘑菇称为毒菌？只有在故事中，你才可以和更加睿智的人进行沟通。

每个儿童语言学家都知道的一个秘密是，父母对孩子说话时能最清楚地说出单词中的每个音素。过去50年来最活跃、最有影响力的儿童语言学家让·贝尔科·格里森用“妈妈语”这个术语来描述成年人夸大发音、放慢说话速度、拉长单词，甚至在谈话时提高音调和声调的方式，其中也包括哥哥姐姐对弟弟妹妹说话的方式。

我5岁的儿子本曾教他2岁的弟弟戴维一遍又一遍地说“便便”和“尿尿”，他当时可爱的样子，我永远不会忘记。他们坐在一个偏僻的三角形窗户下面的小壁龛里，以为躲在那里就不会有大人看见，彼此轻声细语。乍一听，他们所说的词毫无意义，但是仔细听，却听到了“便便”和“尿尿”等压韵的词被串在一起，朗朗上口。对于他们来说，重复一些他们认为禁忌的词语，似乎是一种精心独创的欢乐时刻，他们把能想到的一切词都说出来。本和戴维并不知道我把当时的情景录了下来，本也没有想到自己用很多押韵的词给他弟弟上了一堂生动的发音课。

经研究，孩童无意间掌握的有关音素的知识与日后的阅读成就之间呈正向关系，这一关系已经为很多人知晓。儿童早期的词汇储备和后来阅读成就之间的联系，音素知识的准备和阅读成就的关系，两者具有可比性。鲜为人知的是英国专家们之前的研究结果：《鹅妈妈童谣》可吸引孩子关注词的音素，为他们日后的英语阅读做好充分的准备。无论是英语儿歌《玛菲特小姐》还是《嘀答嘀答钟声响》中的词串都会把孩子的注意力集中在最初和最后押韵的音节上，研究人员所说的音素意识正在悄然萌芽。每个孩子都在不知不觉中用押头韵的方式来完善自己的语言知识。这就像我的儿子本和戴维悄悄躲在角落里编“便便”和“尿尿”的儿歌一样。

我们在音乐中也发现了这个规律。由音乐神经科学家凯西·茉蕾兹及我们研究组的其他成员开展的研究表明：音乐的节奏与语言声音的发展有着密切的关系，音素的掌握对日后培养儿童的阅读能力至关重要。

音乐的节奏和语言的押韵对儿童智力的发展远远超出了音素本身。想象一下当你面对着一个三四岁的孩子朗读时，会发生什么？

你会不自觉地说得更加清楚，语调更加夸张有趣。在这个过程中，声韵和旋律化的语言将有助于单词意义的传达。给儿童阅读时，你会随着声调的起伏进入角色，成为另一个人。你没有刻意为之，但却加速了儿童阅读脑神经回路最重要组件的构建。无论是最短单位的音素，还是稍微长一点儿的字母组合，你的朗读在向孩子传递单词的同时，也在向他们展示每个单词如何在演讲和故事叙述中发挥自己的作用。

大家要注意，在这个阶段，阅读脑神经回路的组件尚在发育阶段，整个回路尚未贯通。除非这些孩子是早熟的天才，比如法国哲学家让·保罗·萨特或者《杀死一只知更鸟》中的斯库特，否则大部分人会随着年龄的增长，逐步贯通阅读脑神经回路。当然，他们也不需要被迫从生理和心理上做好准备去阅读。按照理想的方法，阅读应该是在熏陶中逐渐培养起来的。（如果对这个问题感兴趣，请参考《普鲁斯特与乌贼》中关于这个主题的观点。）

别让童年的时光被数字设备绑架

孩子们无论在家里还是在学前班（托儿所），总是被各种数字设备包围。玩耍的空当日益被各种不需要动脑的刺激源侵占。对此，我们该怎么办呢？我希望能有一场运动，呼吁大家别让童年的时光被娱乐和数字设备所绑架。孩子们只需要打开想象的大门或者窗口，就能在幼儿园的操场进入被小行星撞击的月球表面。为了给孩子们创造时空条件，去激发他们的想象力，他们接触数字设备的过程必须是循序渐进且有规划的，绝不能像现在这么随意。应该帮助儿童建立这样的概念，在2~5岁这段时期，数字设备就像电视机和音响系统一样，只是背景环境中的一般陈设，不是一有时间就需要去玩耍摆弄的东西。

这说起来容易，做起来难。我们都是容易痴迷的生物，孩子更是如此。他们会痴迷于吸引他们注意力的东西，没有什么比电子屏幕更具吸引力了。数字设备的屏幕里往往有充分调动孩童感官，使其兴奋的动态和声响，不断刺激着儿童。在孩子的这个发育阶段，我作为一个母亲认为，从整个文化环境的角度看，数字设备的使用不分昼夜，我很担心他们的习惯和思维模式会因为环境的原因逐渐适应了屏幕模式。

把握时机和内容

父母必须面对的第一个挑战是明确这些问题：用数字设备阅读什么内容是合适的？儿童使用数字设备的时限有多长？针对每个儿童，数字设备何时介入孩子的阅读世界，通过什么应用程序或者活动介入？这些问题都很难有明确的回答。任何一个新手父母第一次接触应用程序“狂野西部”，过程都不会很容易。丽莎·根西和迈克尔·莱文对此做了比较全面的研究。结果显示，苹果手机上有超过100万个应用程序，其中有数千个应用程序被定义为智力开发或教育应用程序。大多数标榜具有教育目的的应用程序根本不具有益智的功能。其中，用户对象为2~5岁年龄组的识字和学习应用程序，很少会在其开发阶段聘请专业的阅读专家来指导设计。

根西和莱文在最新著作中提出了明确警告，父母在购买应用程序和访问儿童智力开发和幼教的应用程序评级的网站时，应该遵照“三C原则”，即儿童（child）、内容（content）和情境（context）。我想补充说明的是，要确定是否给孩子使用某个应用程序，最简单直接的方法就是父母和孩子先尝试下载某个应用程序，一起玩几分钟。在这段时间里，孩子很快能学会自己玩耍。父母也可以借此机会了解一下这些特定的应用程序是否值得孩子花时间去玩。我并不是在说大家都应该当直升机式父母，时刻去干涉孩子的选择。我也没有说所有为2~5岁儿童设计的应用程序都应该是教育性质的。相反，父母必须与孩子一起学习，了解每个孩子发挥想象力的地方，明白孩子在不同年龄段的独有特征是什么，以及什么才是最重要的，不能在这方面偷懒。确定了具体的应用程序后，就应该让孩子自行探索。就像父母与孩子在后院或公园活动一样，保持让孩子安全玩耍的关注距离。孩子也不能一直沉溺其中！

至于使用数字设备的时机和时长，我希望父母能把应用程序和数字玩具作为让孩子短期去探索的工具。一开始接触的时间要短，然后慢慢随着年龄的增长而增加。凯瑟琳·斯坦纳·阿黛尔对此做过详细论述。她认为在美国，2~3岁的小孩接触数字设备的时间应该是每次几分钟，一天合计不得超过半个小时；而大一点儿的小孩可以多玩一会儿，但是一天合计也不能超过2个小时。我们的孩子在上学以后，比如说学前班，可能在白天会有很多机会接触数字设备。最新的统计数据表明，这个年龄阶段的幼儿一天至少有4个小时会盯着电子屏幕。

如何将幼儿接触数字设备的时间控制在每天不超过两个小时，对此我没有秘诀。不同的小孩，具体接触的时间也会有较大的不同。我希望每天都能留出一些时间，做一些引导孩子成长的游戏，把孩子抱坐在大腿上阅读，晚上讲故事和翻阅故事书成为一件必做的事情，让亲子阅读具有仪式感。在美国，如果每天接触数字设备的时间累计达到4个小时或者更多，那么亲子阅读也就很难实现了。这样的话，孩子根本没时间去做一些探索性游戏，父母和孩子们也不可能一起享受共读的美好时光。翻阅图书和电子图书的速度就像龟兔赛跑，这是不争的事实。

针对亲子阅读电子书的研究方兴未艾。越来越多的儿童发展心理学研究者留意到，当父母给孩子阅读电子书时，双方的互动更多地集中于更加机械化的预设的电子书游戏，而非基于故事内容和思想本身的探讨。相比阅读电子书，大多数父母在阅读纸质图书的时候能更好地使用语言，帮助孩童理顺概念。一些研究者曾经告诫我们，电子书这种形式本身在阅读发生之前，就会改变亲子共享阅读的过程。电子书的阅读有可能对孩子的理解力和其他方面产生负面影响。

多年来，阿德里亚娜·巴斯一直对共享故事书的阅读进行研究。她最近的研究成果表明，互动数字图书对儿童词汇的积累和理解故事内容的能力产生了负面影响。不过，她同时也说明：面对阅读互动电子书时，父母若能积极支持孩子扩展词汇，表达词汇，则有可能会产生积极影响。

这种积极的影响源自一种专门为亲子互动阅读设计的介于屏幕和纸质图书之间的电子书类型。我的同事辛西娅·布雷齐尔和她的博士生安吉拉·常在麻省理工学院媒体实验室个人机器人组创建了一个研究工具TinkRBook。这个工具的核心是“文本修补性”的设计原则，可以让孩子对文本进行修补。比如，孩子可以先点屏幕上的单词听发音（剧透一下，我录制的发音），或者注视一个视觉图形（比如鸭子），然后通过点击其他按钮，完成某个动作（比如孵卵）或者变换其属性（如改变羽毛的颜色）。在与文本互动的过程中，孩子可以改变整个故事的叙事。这些研究者发现父母可以使用TinkRBook工具的交互性，帮助阐释概念或者发展儿童的词汇。这款电子书明显弥补了现有儿童电子图书的不足，使电子书的发展迈出了一大步。

人们批评电子书的使用，可能与下列几个原因有关。第一，父母在阅读电子书给儿童听的时候，没有进行足够的亲子互动。第二，有了电子书以后，很多父母不再亲自给孩子们读书了。例如，很多交互式故事书具备“点读”功能。虽然这个功能的确起到了积极的作用，却让一些父母在孩子们生长发育过程中不再积极地充当朗读者的角色。在孩子们最需要听父母讲故事时，他们也不再那么积极地去完成亲子阅读。父母要么觉得孩子们可能没有以前那么需要自己陪伴阅读了，要么觉得“点读”功能可以很大程度上替代保姆的功能。“点读”的劣势是会导致孩子不再对所听到的内容积极感知和理解，这样的后果着实让人担心。当孩子认为阅读电子书只是一种娱乐形式，就会消极地去对待读书这件事，那么阅读所需要的专注度和反思能力的发展都会大大受限。大脑功能，不用则废。这个意外的结果可能是所有创造电子书或者应用程序的设计者一开始未曾预料到的。当然，这也不是父母所希望的。

虽说如此，但还是要注意那些既看图书也用平板电脑阅读的人，在两种媒介中阅读都很得心应手。对于这些人来说，本书有关纸媒和电子屏幕阅读优劣的讨论，似乎没有太大的依据。他们已经在两者之间找到了理想的平衡。诚然，父母、学前教育人员、多数数字应用程序设计师和研究者在权衡这两者的时候，保护孩子的求知欲和好奇心是问题的核心。我们正在向一个多变的全面数字化阶段过渡。平衡新旧就是过渡的本质。重要的是我们既不能在不了解事实的情况下冒进，也不能向后倒退。明白这一点以后，辛西娅·布雷齐尔和我从多个角度在多个项目的研究上进行了合作，包括TinkRBook和社交机器人项目，希望能设计出一些数字活动，如对话式阅读。这种阅读既能促进语言习得，也能发展阅读脑神经回路构建所需的多种思维能力，特别适用于美国之外的孩子，尤其是贫困国家和地区的师资力量不足、条件不好的学校里的学生，甚至失学儿童。

为迎接未来做好准备

不是所有的孩子都有幸获得科学的早教和幼教。有很多孩子，他们来自语言学习条件不好的家庭，没有办法接触数字设备。全球扫盲项目一开始是由麻省理工学院媒体实验室的尼古拉斯·尼葛洛庞帝牵头和支持，之后由我和辛西娅·布雷齐尔推动成立，现在叫作求知性学习项目，诸多同人参与其中，包括廷斯利·葛莲、斯蒂芬妮·哥特瓦尔德和罗宾·莫里斯。我们一起研究数字平板电脑的功能，包括开发用于学习口语的精心策划/设计的应用程序，在没有学校或师资力量匮乏的地区为儿童启动阅读的先导计划。我们在南非建设了好几个工作站。每个教室里有一名老师带领60~100个孩子阅读。我们的工作始于埃塞俄比亚的村庄，已扩展到非洲、印度、澳大利亚和拉丁美洲等地的试点。最近，我们聚焦在南部农村地区，决定好好利用自家的后院，带动更多的家长开展幼儿阅读活动。

在本书前面的几封信里，多次提及利用数字设备进行识字阅读需要警惕的一些现象。这恰好说明了我们处在一个全民培养幼儿阅读的时代，无论是在美国本土还是在其他地方。如何吸引儿童参与阅读，如何促使他们学会自主阅读，明白这些问题的答案，就能加深我们对于所有儿童学前教育和认知发展过程的理解。我们未来将继续针对数字媒介对儿童认知能力的影响开展研究。加州大学伯克利分校的马蒂·赫斯特等学者正在研究人机交互界面如何帮助孩子学习阅读，特别是针对多元的儿童个体或者生长在教育环境较差的孩子，如何利用技术提升他们的阅读和思维能力。加州大学洛杉矶分校学者卡罗拉和马西罗·苏瑞兹–欧罗兹寇正在进行的研究表明，越来越多的美国移民家庭的儿童可以从阅读多媒体故事中受益。他们既能够学会诸多文化信息，也能学会新的语言。现在，我们着手将相关的研究联系起来，目标是为联合国可持续发展目标涵盖的世界各地儿童的基本人权事业做出贡献：帮助他们成为有文化的公民，挖掘他们的集体智能潜力，使更多人摆脱贫穷，改变下一代人的命运。

是否存在理想的阅读生活？

我在书中提及的婴儿至5岁期间，有关阅读的原则和注意事项适用于所有儿童。但是，基于孩子生长环境和个体的差异，具体操作起来有巨大差别。如何把我们已知的信息应用于改变全球孩子的识字阅读能力，将是21世纪最大的一项挑战。如何利用数字设备的互动功能帮助不同的学习者，也就成为教育研究日益重要的一个方向。此外，我们眼前还有一些看似没有那么难解决的问题。

在这封信即将结尾之际，我想给大家讲一个故事。没有成为父母的人会觉得这件事情很可笑，但我见证以后，则是满心的同情。不久前，一位受过高等教育，并且非常尽职的妈妈来到我的研究中心，她的第一个孩子在接受阅读能力测试。当她和她的第二个孩子——一个五六个月大的女婴坐在等候区时，她告诉我她已经按照我在之前著作中提及有关阅读的指示，在教二宝读书了。我注意到她身旁书袋里装着《苏斯博士》。她抬眼看了看我，很快就把二宝放在腿上，拿起其中的一本书读给女儿听。她用高8度C调快速地读着书，显然她是要把30页的书一下子读完。这样的意图怕是孩子也明白。没读两分钟，宝宝开始在怀里扭动起来；再过一分钟，孩子开始呜咽，将手伸出来表示抗议，但那显然是徒劳。再过一分钟，小宝宝显然要崩溃了。这位尽职的妈妈不想失职，她希望尽个人所能多读书给孩子听。只是，这样的强迫并不是我的初衷。我无意间创造了一个阅读狂魔。

我尽可能保持温和的语调，跟那位母亲解释，不一定每次都得读完一整本书。孩子能听多少，就读多少，读书速度也不要太快。一开始得读一些简单的卡片，或者只有少量文字的书，看似浪费的排版有助于婴儿阅读。等到孩子稍微大一些，可以读一读《苏斯博士》这类图书。

我还想借此机会对那位母亲，对我所有的读者说一句：相信你内心的声音。想一想如果是你自己的父亲、母亲、祖父和祖母，面对小宝宝的时候，他们会读什么书？查尔斯·泰勒说，共享注意力是两代人之间用语言沟通的开始，并非强迫注意力。了解识字能力发展的规律是好事。发现孩子到底关注什么，这可能要比我在书中阐述的有关媒介的所有知识、道理和方法都管用。

我们要学习的东西很多，尤其对于那些即将迈入幼儿园大门的儿童来说，更是如此。

记住：你需要做的，未必是你期望的。

本书作者

第七封信

阅读：教与学的科学和艺术

没有什么是科学发挥不了作用的。父母和教育者必须要更清楚地了解阅读改变幼儿大脑的力量。我坚信，随着我们对于阅读脑神经回路认识的深入，我们会越发简化阅读的教学。

——斯坦尼斯拉斯·迪昂

我们从苏斯博士那里学到了什么？文字的喜感、图片的作用，当然还有人性的光辉和我们每个人都希望拥有的价值观：勇气、决心、坚韧、尊重地球、质疑武力精神以及想象力的基本价值。

正因为如此，幼儿阅读非常重要。

——迈克尔·德尔达

亲爱的读者：

5~10岁，全球各地的孩子都开始学习阅读，并开启了个人童年时光最令人激动的学习之旅。威廉·詹姆斯贴切地描述说：“孩子们将学会阅读，就像雏鸟一样轻松展翅飞入新世界。”他们先去《恐龙帝国》《纳尼亚传奇》的虚构时空和《哈利·波特》的霍格沃茨魔法学校。沿途他们还会一路打怪，恐龙到恶霸都得斗一番。他们会发现各种各样与自己不同的人。他们很快会崇拜英雄，或者发誓自己永远不会再崇拜英雄了。但是，重要的是他们会离开自己的课桌、椅子或者床头去探索未来。比利·柯林斯在诗歌《十岁的烦恼》中说道：四岁时，我是一个阿拉伯魔术师；七岁时，我是一个勇猛的战士；九岁时，我会成为一个王子。

可惜，有太多的孩子可能不会经历这一切。对他们而言，可能迈进幼儿园大门就是噩梦的开始，其他人对此毫不知情。按照儿童各自的经历不同，他们在童年时代或者会经历独一无二的美国梦，或者不会。更糟糕的是，受此影响，他们走入社会以后也不会经历美国梦。

针对美国儿童阅读能力的调查显示，依据美国国内和国际指标进行比较，尽管美国的国民财富很高，但是无论跟西方世界还是东方世界相比，美国儿童的整体阅读水平是落后的。我们不能忽视这个调查结果的重要意义。对于家长还有其他人而言，有一些事实是必须知晓的。我们必须要做些什么来重新发掘美国小孩的阅读潜能。

具体而言，最新的国家教育进步评估报告显示，美国四年级学生中有2/3的人的阅读没有达到熟练水平，即流利且充分理解。更严格的说法是，现在只有1/3的美国儿童达到了与他们年龄相匹配的充分理解和快速理解的能力，而整个国家的未来就要靠这些孩子了。四年级代表着学会阅读与学着利用阅读来思考和学习之间的马其诺防线。

更让人揪心的是，接近1/2的非裔或拉丁裔美国儿童到了四年级，连基本的阅读水平都达不到，更不用说精通了。这意味着他们不能很好地对阅读的信息解码，无法理解自己正在阅读什么，这将会影响他们学习的方方面面，包括数学和其他科目。我把这个时期称为美国教育的消失之洞，因为如果孩子们在这段时间不能流利地阅读，那么无论教育出于何种目的，这些本该学会的能力以及学习的机会都会消失。事实上，这些孩子中的许多人都辍学了，在成长的过程中几乎没有任何机会去实现自己的梦想。

美国各州的监狱管理当局都很清楚这一点。很多州直接根据三四年级学生的阅读统计数据来预测未来需要的监狱床铺的数量。前首席执行官和慈善家辛西娅·克莱特提出，四年级阅读水平与辍学之间的关系是一个极重要的发现。她说，如果美国有这么多孩子的学业表现不佳，就无法保持其在世界上领先的经济地位。美国对外关系委员会支持克莱特的这一结论，他们发布的一份报告明确显示“大量教育不充分的人口破坏了美国自我防御的能力，包括保护信息安全、外交和发展经济的能力”。

只有熟练的阅读水平才能确保个人继续发展并运用维持美国智力、社会、身体和经济健康的复杂阅读技能。而至少有2/3的未来美国公民的阅读水平远远不达标。

从何处着手？

对这些儿童而言，上学前的5年时光与我描述的理想阅读生活相去甚远。我又要不厌其烦地引用一下新旧研究的统计数据。这些孩子在四五岁之前，因为身在背景不好的家庭里，错过了至少3 000万个单词和短语的输入。这可能是父母和其他抚养人没有充分地读书、讲话给他们听，也有可能是他们根本没有机会翻阅图书或者听旁人读书。芝加哥大学经济学家詹姆斯·赫克曼和他的同事开展的广泛分析调查显示：家庭经济背景和孩童的早期语言和认知发展存在正向关系。简言之，父母在子女幼儿阶段投资教育比他们在子女其他年龄段投资的回报率都要高。综合有关儿童发展的各类研究结果，我们可以知道：在成百上千万的儿童之间形成巨大的语言学习鸿沟前，整个社会需要投入资金和人力去开发更加完善的早教幼教项目，培养更多这方面的人才。

需要注意的是：哈佛大学教育学院语言学家诺妮·列阿索克斯拒绝使用鸿沟这个提法，因为面对鸿沟，我们要做的就是填补鸿沟，只要填补了，好像就万事大吉了。诺妮说得对。很多人在人生最初的5年里，如果没有科学地开发他们的智力，在接下来的5年甚至之后的5年学业都会表现不佳，之后的人生里，他们依然没有得到应有的关注。除非我们从根本上改变，否则他们很难走出这个恶性循环。我们需要给孩子0~5岁的这段时间妥善安排早教活动，即给人生的前3 000天重新搭建成长的框架、推动阅读脑神经回路的形成。这段时间恰好是阅读脑神经回路基础组件初步形成的时候。我们需要重新考虑从幼儿园到五年级——幼小教育阶段的教育安排。这一时期也是本书第七封信的重点，是儿童学习阅读和思考方式、为他们的余生奠定基础的时候。在此期间，阅读培养工程的接力棒已经递给学校，在那里需要对孩童进行三项投资，以确保所有的孩子都能发挥其潜力，让自己成为对社会有贡献的人。首先，学校要对儿童从始至终进行全面的持续评估；其次，教师要知识渊博，掌握优秀的教学方法；再次，所有教师需要通力合作，按照各年级水平要求，发展每个学生的阅读和语言技能。上述三个方面都需要多方面且持续的投入。

从始至终的全面持续评估

当孩子们走进幼儿园大门的时候，他们的身高、能力、认字和口语表达能力（包括方言）和文化背景各不相同。学校的首要职责是弄清楚哪些人做好了准备学习，哪些人没有做好准备，又该做些什么去帮助他们。从孩子们第一天上学，学校就应该用相关资源支持那些没有接受高品质的父母陪伴和陪读体验、语言发展能力落后或者没有先期阅读准备的孩子。从第二天起，老师们得明白，在正式教大家阅读前，有高品质陪伴和陪读体验的孩子在学习阅读的过程中与那些没有这方面体验的人相比，有哪些优势和劣势，需要根据不同孩子的情况因材施教。之后，老师、家长都要了解有关儿童早期发展的一些重要的、新的研究成果，并了解传统研究者的观点，这两类观点在现有的幼儿园和学校中宣传得都不够。

一项激动人心的新研究成果，可能会改变孩子入学后两天的所有日常流程。奥拉·欧泽诺夫–帕尔奇克、伊丽莎白·诺顿、麻省理工学院麦戈文脑科学研究所的约翰·盖布列雷及其同事，以及波士顿儿科医院的纳丁·盖博刚刚完成了迄今为止最大的一项阅读能力预测研究，研究人员中有的曾是或者现在是我的学生。这项研究能帮助我们预测哪些学生会在阅读和数学等课程中取得令人满意的成绩，哪些学生在这些科目学习上需要密切关注和跟进等。

我们的小组研究了来自新英格兰各地、家庭背景不同的1 000多名幼儿园的儿童。每个孩子都接受了大量的教育测试。结果显示了两个事实——一个不足为奇，一个则具有变革性。第一，美国儿童在正规学校接受教育的第一天就显示了深刻的认知和语言差异，这一点倒是在意料之中。第二，根据这些差异，对孩子进行了审慎的分组，而这个分组可以预测孩子在入学后的阅读情况。这可能会改变许多孩子的成长轨迹。

具体来讲，6个组别划分帮助老师和父母理解了每个小组成员的需要，以及成员应如何从头开始更好地学习阅读。其中有两种方案是为中等偏上智力水平的小孩设计的，他们只需要获得很好的阅读指导，就能在阅读中表现得非常出色。另外一组儿童对于认识字母和辨别声音有困难，这群孩子可能幼年几乎没有接触字母或者英语。我们可以直接针对这些问题提出解决方案。该组别儿童可能存在更加罕见的认读障碍，需要我们进一步测试。

有三个组的小孩以后会被诊断患有某种形式的阅读障碍。患有阅读障碍的儿童在将来长大后在诸如艺术和建筑、放射学和金融学以及创业方面具有优势。可惜，这类儿童的脑结构在他们刚开始学习阅读的第一年表现出的是劣势。阅读障碍的研究者主要研究的是及时预测孩子们可能遭遇的阅读障碍，不断鼓励他们。提前知道他们的问题比什么都重要。这些孩子因为阅读障碍，不得不忍受被忽视的感觉，在老师、父母和同龄人面前抬不起头。每天觉得自己做得不够好，甚至整天生活在失望中。事实上，对于一个6岁孩子来说，无论出于生理、环境原因，还是两者兼有，没有什么比“别人行而我不行”这种感觉更让人泄气的了。

通过评估一些在幼年阶段经历阅读障碍的人，我们可以使这些小孩在学习阅读过程中避免经历痛苦。这样我们就能为社会节省大量的财力，因为如果我们解决了有阅读障碍的小孩的诸多阅读问题，他们可能就不会误入歧途，不会因为辍学而过早走入社会，甚至可以成为这个世界上最有创意的人和一名成功的创业者。

在幼儿开始阅读之前就预测出他们的阅读轨迹，是非常关键的。加州大学旧金山分校医学院的一些研究者在侯福特美子和玛丽亚·路易莎·格纳–邓普尼的牵头带领下，正在重新界定我们的做法。一些训练有素的教师掌握了这些信息以后，就能避免一些阅读问题，改善儿童的阅读体验，尽早进行干预可能患有阅读障碍的儿童。阅读习得中没有什么比尽早开始系统的、有针对性的干预更重要的。

这项研究能帮助到所有儿童，包括那些不善于学习的儿童。通过预测，我们发现在大部分心智发育良好的同龄儿童中存在巨大的个体差异。有些儿童，尤其是男孩，按照评估的结果，并没有明显的学习劣势，只是没有做好阅读的准备。要理解这个群体孩子的特点，必须进行更加深入的评估来确保他们没有明显的劣势，我们也发现这个群体的孩子后来的表现都超越了研究者的预期水平。很多学校的管理者，因为面临日后孩子必须在阅读习得方面表现出色的压力，越来越倾向于尽早开展阅读，甚至在幼儿园开始就推出各种阅读课程。约翰·霍普金斯医院儿科神经科学家玛莎·邓肯拉极力反对在幼儿园阶段过早逼迫孩子们识字，因为这样做实际上是在戕害孩子们的阅读能力，而非发展他们的阅读能力。

在针对欧洲地区何时开始阅读是最佳时间的实践调查中，英国阅读研究者乌莎·戈斯瓦米也同意这一结论。她发现在稍微晚一点儿引入阅读的国家中，儿童阅读发展过程中出现的问题更少。换言之，小学一年级开始阅读的儿童往往比幼儿园就开始引入阅读指导的儿童更容易学会阅读。

毫无疑问，这些结果令人感到困惑，因为在比美国晚一年推行阅读的国家，其语言拼读的准确率更高。一些孩子在幼儿园阶段，因为生理和行为的原因，缺乏良好的客观条件做好阅读的准备。我们不能因为美国各州三年级学生阅读能力的测试结果不如预期，就认为全体幼儿园班级应在规定的时间内让幼儿接受阅读指导。有些孩子学习阅读过早，强度过大，其实是揠苗助长了。有些孩子在幼儿园结束甚至刚入学的时候，就已经有了很好的阅读能力。还有一些学生，尽管上了一年级，但是他们的心智水平还没有达到接受标准课程教育的水准。为了避免出现这样的情况，敏锐、训练有素的老师，出色的预测工具，以及针对特定对象的循证干预测试成为我们预防儿童身心发展脱轨的措施。

师资力量的投资

在过去的半个世纪里，我们将很多社会没办法解决的弊病理所当然地推给了教师，希望教师来消除贫困和压力环境对儿童发展早期阶段产生的有害影响。每个学校都应该观看由电影制片人克里斯蒂娜·赫布斯-索莫斯执导的纪录片《美国的崛起》。该纪录片就贫困和压力对儿童一生所产生的持续影响，做出了直白又全面的解释。然而，大多数教师既没有在研究生院做好充足的准备，也没有在毕业后接受专门的职业培训，以应对当今教师面临的不断升级的注意力和学习挑战，以及越来越多的双语和多语种学生和课堂教学技术的应用等问题。

引导具有多种背景的儿童进入阅读生活，就如同构建可供工程师、火箭科学家或者圣徒等不同背景的人使用的知识库一样。当今的老师需要做好更新知识的准备，尤其是有关阅读脑神经回路知识以及对应的教学方法。斯坦尼斯拉斯·迪昂强调，我们有关阅读脑神经回路的知识能够丰富儿童教育者理解儿童的心理发展过程，多种形式的阅读指导本身也具有各种优势。它可能最终还会解决教学方法的诸多争议，即所谓的阅读战争问题。

阅读教学本不该出现异议。总体而言，20世纪的教育者往往利用两种典型的方法来教会人们阅读。其一，拼读教学法，阅读指导始于儿童理解最基本的字母排列规律。单词是由声音或者音素构成的，这些音素对应着字母表中相应的字母。为了学会阅读，孩子们需要遵守一些拼读规则。教学活动非常明确，主要强调掌握英语的音素，然后掌握字母组合与声音的练习方式，最终掌握不同的单词。

其二，整体语言教学法。在这种教学法指导下的阅读学习过程是不知不觉发生的。解码规则由儿童推断出来，在解码或强调英语音素方面几乎没有明确的提示。重点在于故事的讲述、绘本阅读、词义解释，并鼓励调动儿童的想象力，但不会特意去强调语音规则。诚然，有一些幼儿教育学教授曾错误地将拼读称为扼杀创造力的枯燥练习方法，认为在教师的拼读教学法下学习，学生进步不够快，也没有以学生为中心。

优秀的老师往往将两种教学方法结合使用，有很多老师至今依然保持甚至热衷于当年他们在接受语言教师培训时所使用的方法。这两种教学方法彼此排斥可谓是20世纪最遗憾的错误。遗憾的是，这种争论还在继续，这种错误还在发生。虽然有人提倡平衡阅读的方法，但现实往往是整体语言教学法占上风，偶尔穿插不够系统的拼读规则教学。这种现象虽然情有可原，却是可悲的。

由联邦政府支持的广泛的研究调查，结果认为儿童应通过学习明确的解码原则来学习阅读。虽然这个研究调查明确支持拼读法，却从未让大家忽略文学阅读。最近出现的儿童教育共同核心原则则强调了文学阅读的重要性。多个研究已证明，修正的共同核心标准体现了老师和学生在整个教育阶段将科学和想象结合的方法的重要性。

问题在于对于那些习惯了整体语言教学法的澳大利亚和美国的老师来说，他们无法意识到一个事实：无论是科学证据还是事实上，都证明整体教学法不足以让许多儿童达到理想的识字水平。马克·塞登伯格在关于阅读研究和两种教学法的综述中，以让人印象深刻的方式将这种现象描述为“常规武器（经验不一致）无法阻止的理论僵尸横行在教育的领域上”。这种情况是一种双重浪费：崇尚整体法教学的教师理想化的意图被浪费，许多孩子也没有好好学习阅读，特别是那些阅读或学习能力差异巨大或有双语需求的孩子。也就是说，只要老师提前花一点儿时间备课，在整体教学法中融入拼读法教学，用系统而简单的方式教会儿童去认识语言的音素、字母规则和解码规则，就没有人会反对崇尚整体法教学的老师将浸润式的故事分享带入阅读教学中。

从认知神经科学的角度来看，拼读法中的重复原则为儿童提供了他们学习巩固字母规则的机会，使其能最大限度地不断反复接触他们学习的内容，由此增加了他们对文字、故事和文学的了解。反复阅读促进了音素、字母、单词含义和语法形式的高质量表征。一位资深教师曾经说过：“大多数情况下，学习的基础打好了，后面就好办了。我反对让孩子在没有打好基础的情况下，就催着他们进阶。”要让孩子成为流利的阅读者，学会利用他们的想象力和分析能力，从基础开始的每一步循序渐进地引导很重要。

此外，关于阅读脑神经回路构建的知识，可以帮助支持各种教学方法的教师发现他们教学中的盲区。阅读脑神经回路会逐渐激活大脑已知的一切信息。因此，我们在对待5~10岁儿童的阅读教学时，教师应该尽可能引导孩子们触发脑神经回路中的每个神经元群。这个年龄的儿童的阅读教师应该充分重视阅读脑神经回路中的每个要素：从音素到音素与字母之间的关联，再到单词和词素（最小的意义单元）的意义和功能，乃至句子的结构和含义等。要深入故事的情境，需要更加复杂的深度阅读过程。每天都要启发孩子在口语和写作过程中运用自己的想法和想象力。

这样一来，我们就不会忽略与大脑的认知、感知、语言、情感和运动区域相关的所有细节。小学各个年级的学生在构建阅读脑神经回路的过程中，都要充分重视和发展这些区域。一年级和三年级，我们要通过日渐复杂的句式使学生学会单词的含义、用法和语法。一年级和四年级是两个进阶年级，也更加重要，学生要理解字母组合的规律，借此领会单词的意思。随着时间的推移，到了三四年级的时候，这些基础的要素需要不断地练习和内化。届时，孩子的注意力可以放到更加复杂的理解过程，他们开始不断拓展自己的背景知识，最终引出自己的见解和反思。

这是保证流畅阅读的基础，也是实现无障碍阅读的最佳做法。流畅阅读不仅是与解码的速度有关，如果只注重解码速度，要求孩子重复阅读某一篇文章，这种做法很常见，但做得并不够。回想一下本书开始所用的太阳马戏团的比喻。每一个场地的活动都必须够快，才能迅速把信息传递到其他场地上。只有每一个场地都保持快速的运作，才能彼此通力合作，大脑才能留出时间去理解阅读的内容，调动读者的感情，引导其产生自己的见解。

有广泛的证据表明，如果哪一种阅读方法能强化阅读回路的所有这些组成要素，它就能让更多儿童受益。罗宾·莫里斯、莫琳·洛维特和我的研究小组做了为期10年的研究，得到了国家儿童健康与人类发展研究所的资助。这种随机治疗对照研究（医学和教育研究的黄金标准）表明，当强化阅读回路中的主要组成部分时，儿童将成为更加熟练的阅读者，而且时间越早越好，哪怕这些儿童一开始就可能面临诸如阅读障碍这样的难题。

此外，梅丽莎·奥尔金的英语新作，以色列学者塔米·卡特兹尔的希伯来语著作以及丹尼拉·特拉菲坎特的意大利语著作都认为，流畅阅读不仅包括知道单词的用法，还包括明确单词能唤醒人的何种感受。培养同理心，站在他人的角度看问题是调动情绪和复杂思维必不可少的一部分。培养同理心，接纳他人的立场能让人们更加宽容，达成更深层次的理解。所有的年幼读者都应该有能力看懂《苏斯博士》故事里的问题："霍顿那么努力，真的把蛋孵出来了吗？"孩子们有了这样的提问后，将从心底理解作者的意图并且会心一笑。这不就是我们教会孩子阅读所追求的效果吗？

强调理解词语的多重含义不仅能督促目前还没有在阅读上达标的2/3的儿童实现流畅阅读，还能连接词语解码和深度阅读，打通两者之间的通路。一遍遍反复阅读相同的故事和语句，是提升阅读特定文本速度的有效方法，但是它没有办法让孩子把不同的概念、情感和个人反思联系起来。深度阅读是实现关联的好办法。把我们已知的知识和阅读的内容关联起来，把所读的内容和情感关联起来，把情感和思考关联起来，思考在当下互联的数字世界中人们应该过怎样的生活，这才叫实现了深度阅读。

几年前，玛莎·努斯鲍姆所写的《培养人性》让我想起了建立这种联系的重要性："世界公民的教育需要尽早开始。一旦孩子们开始阅读并讲故事，他们就可以讲述其他国家和民族的故事。……（他们可以）学习……除了犹太教和基督教之外还有其他的宗教存在，了解人们还有许多传统和思维方式……当孩子们探索故事、押韵和吟唱时，尤其当他们所爱的成年人陪伴在身旁时，孩子们就会接受阅读的引导，以全新的视角关注他人乃至其他物种遭遇的痛苦。”

故事是让我们与永远不会遇到的人建立持久联系的一种最强大的工具。从夏洛蒂的视角感受威尔伯在《夏洛的网》中的困境，与马丁·路德·金在《马丁的伟大宣言：马丁·路德·金的一生》中认识的主人公，或者借着《通过我的眼睛》影片中的主人公鲁比·布里奇斯去体验近在咫尺却远在天涯的各地人们的生活，孩子将在寓言和谚语中感受不同的人生。回想起詹姆斯·卡罗尔在阅读安妮·弗兰克撰写的《安妮日记》后的转变。想想我们被影片《紫色姐妹花》中的西丽和《哈姆雷特》中的复仇王子等虚构角色所改变的阅读体验，想想我们阅读《罗斯福传》和《我不是你的黑鬼》中詹姆斯·鲍德温等人的人生经历后的感受。无论男女老幼，我们都会借助阅读来关联我们的感受、思维以及道德思想。我们的人生因为阅读而彻底改变。

在校期间的阅读教学

阅读不会在小学毕业的时候停止。我们要改变美国国家教育进步评价报告的结果，我们要改变那些可能在四年级就因为阅读能力不过关而失学的儿童的命运。为此，高年级的教师必须要接受专业的培训，来改变那些阅读能力与认知能力不匹配儿童的现状。我之前提到四年级是阅读能力培养的分水岭。正是在这个关键期，孩子的阅读轨迹将会发生变化，阅读的内容也变得更难，更有挑战性。高年级的教师往往认定这个年级的学生已经掌握了阅读方法，所以不再需要指导他们的阅读方法。可惜这种想法大错特错，人们必须改变这样的误解，重新界定教师资格认证体系。

我儿子本的教育经历就非常心酸地证明了这一点。从小到大，本就是一个典型的有阅读困难症的人。他富有创意，非常聪明。他曾经无法像其他人那样顺利地阅读，对此他很敏感，觉得自己特别丢人。四年级的时候他的状态最差。他和弟弟戴维在同一所学校读书，这所学校比较注重人际关系的培养，学校的风气好，是难得的公正、公平的好学校。本和另外4个男生是班里阅读表现较差的。他们在教师眼里简直就是麻烦的代名词，尤其是在那些喜欢教育女生胜于淘气包男生的略有女权主义倾向的教师眼里，他们就是眼中钉。想着要改一改学校的不良风气，本和他的好伙伴们组织了一场请愿，抵制四年级教师对待男生的性别歧视以及他们面临的作业不公平现象。在他们的请愿书上签名的人不多，但这份请愿书还是交给了校长。他们回到教室的时候，有那么一瞬间感觉终于为自己说了话，总算扬眉吐气了。没想到，愤怒的四年级教师很快就把他们拉回现实。

这个教师感到茫然，她没有看到每个男孩都已经尽全力要表现得更好，只是他们一直无法满足她的期望，因为他们的阅读能力没有达到应有的水平。她也无视因材施教的重要性。这位教师从来没有意识到自己应该多教他们一点儿阅读技能，因为小学阶段的教学重点本来就是提升阅读技能。但她对于超越自己所学的理论没有太多的耐心。我想最终双方会有比较令人满意的解决办法。但是我们几个家长（只有一个孩子的家长例外）认为，学校应该组织更好的师资去应对孩子的多元学习挑战。

这位四年级教师缺乏的不是同情心。她缺乏的是相关知识，这让她忽视了并非所有孩子都能在四年级的时候就具备流畅阅读的能力；她缺乏的是相关的训练，即帮助大一点儿的孩子继续学习阅读的技能；她缺乏的是动力和恒心，即坚持让所有孩子都能流畅阅读。教会孩子们阅读很不容易，中间充满陷阱，一路都是障碍。无论孩子们要经历怎样的学习困难，最终都要掌握必要的阅读技能和能力，通过阅读文本释放自己的思想。和作者开展深度对话后，结束阅读时你将感到精神更加充沛。在我的理想阅读世界中，孩子们应该在三四年级做到这一点。可惜在美国的大部分学校中，我理想的情况远远没有实现。

事实上，我们是可以实现这一点的。只是没有一蹴而就的简单方案，尤其是面对当前学生的需求日益复杂的情况。只有当教师的知识更加渊博，教学训练更加完美，并获得更多中小学教师和管理者的支持时，我们才能带领更多有阅读困难的孩子进入理想的阅读世界。但是我们必须得跳出固定思维去看待这个问题。由战略教育研究合作组织倡导的项目就是一个很好的例子。由《科学》前任主编布鲁斯·艾伯茨和慈善活动家辛西娅·克莱特以及学者凯瑟琳·斯诺牵头的这个跨学科项目旨在帮助美国中小学不同学科领域的研究者一起开展研究。他们工作的一个重要方面是帮助学校为学生准备一个共享的单词和概念语料库，从而提高跨学科的读写能力和批判性思维能力。每个年级的教师都会在日常的教学活动中加强这些词语的解释和练习。例如，通过语言艺术课程中的故事，社会研究课程中的历史事实，以及在数学或科学课程中加入的新概念，他们会更全面地领会这些单词和概念的含义。到他们毕业时，学生们将获得一系列核心的概念和单词，为日后的学习打下基础。

我们应该为小学各个年级的教师提供新的知识，比如阅读脑研究对于儿童早期发育的评估、预测，更加个性化的多维度阅读教学方法，全校范围内的阅读和语言项目，以及数字化的学习工具等。必须培养21世纪的儿童跨越各种媒介进行阅读的灵活贯通的思维习惯。这就要求我们的教师要具备更多更前沿的知识和理论，以便在数字时代的学习活动中，帮助孩子们解决当前的学习困境，而不是使现有的注意力问题恶化、削减背景知识储备或者削弱记忆力。这也需要我们采取全新的思路。也许还有些人认为我不过是危言耸听。但是事实是，数字时代已然到来，我们都得做好准备，免得措手不及。

本书作者

第八封信

构建多元大脑

界定潜在的长期问题是一项公共义务。提前提供解决方案则不是。

——斯图尔特·布兰德

挑战的深度：幼童在忙着学习书写、听辨和表达完整句子的同时，也应学习如何使用在线的信息或者针对视觉信息进行批判性分析。培养这样的思维和大脑，目前还没有经过验证的、公认可行的课程设计。这是一个未开垦的领域。

——丽莎·根西和迈克尔·莱文

亲爱的读者：

我敢肯定，下一代将会以我们无法想象的方式超越我们。《未来的产业》一书的作者埃勒克·罗斯说，现在读幼儿园的小朋友未来所从事的职业，其中有65%还没有被发明出来。他们的生活远比我们宽泛。他们的思想也与我们大不相同。他们需要最复杂的能力：通过编码、设计和编程实现互联和拓展的深度阅读能力。这些变革甚至是我们这些研究人员（包括斯图尔特·布兰德、桑达尔·皮查伊、苏珊·伍吉西奇、胡安·恩里克斯、史蒂夫·格兰斯、克雷格·文特尔和杰夫·贝索斯）都无法预测的。

为了让我们的下一代具备必要的渊博知识和认知灵活性，应尽早构建阅读脑的多潜能回路。这是我们近期在全球范围内开展工作的目的和任务，也是我们作为孩童们的监护人所必须完成的任务。无论他们未来将面对怎样的变化，未来的阅读脑神经回路都要求人们深刻地理解基于文字和数字的脑神经回路的局限性和可能性。这种知识涉及要对多种媒介所拥有的看似矛盾的优劣势和互斥的价值观念进行仔细审查。我们需要研究当前媒介可供性对人脑认知、社会情绪和道德观念所产生的影响，为实现未来阅读脑神经回路的整合而未雨绸缪。如果我们能成功，我们就将重新界定下一代的潜能。莎士比亚说过："（孩童）因我们而来，却不属于我们。"这句话表达了父母对孩子的关爱，恰好说明了我们现在这代人对未来孩子应有的态度。

尼古拉斯·德·库萨为我们指点了迷津。他认为，在两种看似平等但相互矛盾的观点之间做出选择，最好的方法是"对立的巧合"，即先采用博学的无知的立场，先彻底理解两个矛盾体，然后跳出来，以第三方的视角来评估并决定要采取哪个立场。关于阅读脑的知识及其未来前进的方向需要从多个角度开展跨学科研究，包括认知神经科学、技术以及人文科学和社会科学。没有哪个学科能单独支撑起我们要做出的决定。这些学科各有千秋，从各个角度为我们注入了必不可少的知识储备。我们需要融合各个学科的知识，才能获得尼古拉斯·德·库萨所说的博学的无知的立场。在此背景下，我提出我们应培育多元大脑的战略。

培养多元大脑的方案

首先从孩童的角度来看，我们不能采用非此即彼的方式对待沟通的媒介。用沃特尔·翁的话说就是“最好能熟悉两种媒介沟通的方式”，在将来我们还要面对更多的沟通媒介。我已经强调过，对于0~5岁的儿童，阅读纸质图书非常重要。与此同时，也要慢慢引入数字媒介。6~10岁，儿童阅读能力的培养才是我们真正要面临的挑战。

对于6~10岁的儿童，我提出了一个相对简单的新颖做法，可以引入不同形式的基于纸质图书和数字设备的阅读和学习方式。我们可以借鉴培养双语者所用的方法。父亲和母亲各自说一种语言，三个人一起时用商定的一种语言，即家庭通用语言来沟通，而陪伴孩子更久的一方，平日里要和孩子讲另一种语言（非家庭语言）。通过这种方式，年幼的儿童就能自然学会说两种语言。他们逐渐避免了从一种语言转换到另一种语言所产生的不可避免的错误，最终学会使用两种语言来理解并表达最深刻的思想。在此过程中，孩子们学会对语言信息进行解码。到成年时，他们的大脑将极富认知和语言的灵活性，其潜能足以让所有人震惊。

很多年前，我在瑞士朋友托马斯和海蒂·巴里的提议和帮助下，创建了一个名为快速交替刺激测试的方法，现在已被神经心理学家和教育工作者用来预测和诊断阅读障碍。该测验要求一个人命名50个不同类别的东西，比如字母、数字和颜色。受试者必须尽快从一个类别切换到下一个类别，这要求大脑掌握大量经过内化即自动化了的知识，还需要具备极大的认知灵活性。在各种比较研究中发现，掌握双语的成年人在这些任务上的速度要快于只说一种语言的人。与单语学习者相比，双语学习者获得了更多的认知灵活性。这种发现是出乎研究者意料的。

斯坦福大学的克劳德·戈登伯格、艾略特·弗里德兰德以及救助儿童会的开创性成果表明，双语和多语言演讲者长期练习在语言之间来回切换。他们不仅在检索单词和概念方面更具灵活性，还有一些研究表明他们更有能力在保留自己观点的同时，接受他人的观点。

理想的新读者应该是这样的：他们是专家级的阅读者，能快速解读内容，可以在当今和未来的纸媒、数字媒介甚至多种通信媒介之间快速切换，游刃有余。苏联心理学家列夫·维果茨基针对幼儿思想和语言发展的描述启发了我，让我理解如何发挥纸媒阅读和数字屏幕阅读的综合优势。一开始，支配两种媒介阅读方式的阅读脑回路是分开的，随着时间的推移，两种回路会有越来越多的关联。因此，我认为在刚上学的几年时间里，孩子们利用纸媒或者数字媒介去思考的方式是独立发展的。过了一段时期后，在这两种媒介的具体特征各自得到充分的发展和内化后，本来分开的两种独立的思考方式会最终趋向融合。

这个时间节点非常关键。我希望孩子在每种媒介中处理信息都能相当顺畅，就好像他们能同时流利地说西班牙语和英语一样。通过这种方式，孩子们从一开始学习阅读，就已激活了适合纸媒和数字媒介阅读的独特的认知过程。成年人利用两种媒介阅读，屏幕阅读的溢出效应可能会表现出图书阅读量的萎缩，且效率低下。但是，儿童却能轻松驾驭两种媒介的阅读，就像掌握两种语言一样。他们知道每种媒介的阅读有自己的规律、目的和有用的特征，儿童能充分利用其优点，以合乎这种媒介的节奏和步调来进行阅读。

纸媒的作用

在孩子入学后最初的几年时间里，图书和纸质材料应该是学习阅读的主要媒介；讲故事的时候，也应该用纸质图书。这是我在本书第六封信中强调的：由父母读给孩子听，会加强阅读的实体感，使孩子沉浸在具体的阅读空间和时间中。这给年幼的阅读回路增加了重要的触觉联想，为父母和孩子提供了最佳的亲子交流和情感互动的机会。只要有可能，教师或家长就应该提出问题，引导孩子将自己的背景知识与他们的阅读内容联系起来，引发他们的同理心，学会站在他人的角度看问题。这能促使他们做出推论，表达自己的分析结果、反思和见解。

从学习阅读开始就要允许孩子们花时间思考，从而锻炼他们年幼的大脑独立思考的能力。懂得这种引导的重要意义，对于我们而言是非常重要的。对于从小生长在充满干扰环境的儿童来说做到这一点也非常困难。霍华德·加德纳和玛格丽特·韦格尔提出：“数字时代的教育者所面临的首要挑战是引导神游的心灵。”对于年幼的孩子，应尽早鼓励他们培养深度阅读的技巧。这是我们学会抵御数字文化持续不断的诱惑的良方。数字时代中，人们习惯了思维的跳跃，迫不及待地要去寻找下一个更有趣的东西。因为有更多的游戏可以玩，人们更加被动，愿意把阅读当作一项消遣，而不会留意自己的想法到底是什么。一位学生曾表示："图书让我慢下来，催我思考，互联网却让我不断加速。"纸媒与数字媒介都有自己的优点。此外，孩子们能理解处理不同阅读任务的方法和做法。

在最初开始阅读图书的时候，我希望孩子们能了解这一点。阅读是一项费时费力的学习任务，需要在故事结束的时候给出个人的想法。孩子们从一种思想跳跃到另一种思想的自然倾向，可能会被频繁接触的数字阅读方式放大。深度阅读的经历可能有助于他们形成另一种思维模式。我们整个社会所面临的挑战，是打造数字时代的孩童阅读纸质书和电子书的双重体验。他们需要教师和家长共同努力确保自己的阅读速度，给深度阅读技巧的培养给予更多的关注度和时间。当然，阅读的速度也不能太快。如果太快，读者就没有办法深入思考，欲速则不达！读者需要按部就班地学会应用深度阅读的技巧。

在孩子们5~10岁这段时间里，我们应告诉他们：如果他们花时间去阅读，去思考，他们就会产生自己的想法。所有的孩子——尤其是那些因为被迫学习阅读，对自己的能力缺乏自信的孩子——将在这个过程中逐渐习惯思考，为自己迎接整个人生阶段的各种挑战做好准备。当他们反思自己所阅读的内容时，他们就会认为借助阅读他们可以实现意义非凡的蜕变。

另一个帮助孩子在学习阅读时思考的策略，可能会出乎你的意料。学会书写能让他们以更慢的速度探索自己的想法，而不是更快的速度，特别是当一些孩子仍然拼错单词时，更是如此。比如，有些孩子会把“guys at work”写成“gnys at wrk”。越来越多的字体研究表明，当孩子们在早期阶段学会用笔写字，进而表达自己的思想时，他们就会成为更好的作家和思想家。从认知神经科学的角度来看，大脑皮质的语言区域和运动区域存在具体的关联。其实，中国的史官和教师数百年来一直就清楚这种关联是有益的。

数字时代的智慧传输

当孩子们学习慢慢阅读纸质图书，学会思考时，他们也能在快速移动的电子屏幕上通过阅读进行思考，由此完成学习任务。可以将数字设备作为一种解码和编程的媒介介绍给孩子们使用，即塔夫斯技术研究员玛丽娜·博斯所谓的“游乐场”，用于学习各种基于数字的创造性技能，如制作图形艺术、编程乐高机器人、创建库乐队（苹果公司编写的数码音乐创作软件）乐曲等。在教室里，没有人会特别强调用哪一种媒介学习。在孩子们学习编码的过程中，他们也学会了演绎、归纳和类比技巧，这些技巧是后续科学、技术、工程和数学（STEM）等课程的学习所必需的，这些思维能力也是建立阅读脑神经回路的重要的科学方法。比如，顺序的重要性尤其显现出来，而这恰恰是安妮·曼根开展数字阅读研究项目时发现儿童欠缺的东西。在孩子们学着使用Scratch工具来编程的时候，顺序和其他STEM课程所要求的思维能力的重要性就会突显出来。Scratch工具是专家专门为少儿设计的编程语言，这些专家包括麻省理工学院媒体实验室终生幼教研究组主任、技术专家米切尔·雷斯尼克和玛丽娜·博斯。她们对编程重要性的描述非常精彩：

> 每个孩子都应该获得学习编程的机会。人们往往认为编程非常困难，只有少数人可以学。但我们认为它是一种新型的识字技术——每个人都应该使用这种技能。编程可以帮助学习者组织他们的思维并表达他们的想法，就像写作一样。
>
> 少儿在编程的时候，学会了如何利用计算机来创造、表达自己。学生可以成为程序的设计者，而不只是与他人实现互动的程序使用者。少儿将从中学会顺序思维、探索因果关系、发展设计和解决问题的技巧。他们不仅学习了编程，还可以通过编程来开发思维智力，提升学习能力。

在麻省理工学院媒体实验室，辛西娅·布雷齐尔帮助儿童通过与最可爱的机器人互动获得各种编程技巧。她和其他团队成员展示了将社交互动和编程技巧结合，孩子就可以学会如何构建、解构机器人，并给机器人编程，以使机器人可以移动、旋转和发出声响。在这个过程中，孩子们也理解了数字世界中的事物运作的机制和原因。这种基于数字知识的积极学习方式为儿童提供了跨越多个学习领域的见解。具体来说，儿童在编程和创建时掌握了并行和互联互通思维，这是对借助纸质图书阅读学习过程的有益补充。

随着学习的积累，孩子逐渐学会用图书和数字媒介学习，且能实现多媒体阅读。结果就是，孩子们完成转变，做好了通过电子屏幕来开展深度阅读的准备，他们甚至会渴望在电子屏幕上阅读更多的书籍。这种现象何时出现没有定论，主要取决于孩子们的个体特征、阅读能力和环境。理解个体的差异非常重要。对某些儿童进行屏幕阅读的指导不能开始得过早；而对于其他儿童而言，则需要循序渐进地安排。

梅里特·巴兹莱与来自欧洲电子阅读网络的詹妮·汤姆森和安妮·曼根正在试图解决儿童在数字世界进行屏幕阅读所面临的内在认知挑战问题。他们和我都相信，如果我们不从相对较早的时候开始正确使用数字媒介学习和屏幕阅读，任其自然发展，那么数字化阅读会适得其反，阻碍下一代的深度阅读过程。数字时代不求甚解的阅读习惯将对下一代人阅读能力造成极大的威胁。

为了避免出现这种情况，我们必须在孩子们开始学习在屏幕上阅读时，就教会他们一些预防的方法。我们应该强调以意义为目的去阅读，而不是一味地快速阅读。要避免采用许多成年人阅读时所用的跳读、查读和一目十行的方式。在阅读的过程中，要定期检查孩子们是否理解了内容，可以请他们梳理故事线，查找文中的线索，不断鞭策他们去掌握阅读内容的细节。在学习的策略上，要保证他们能把阅读纸质图书所采用的类比和推断技巧应用于数字屏幕的阅读过程中。

现有辅助检查儿童在线阅读的工具中，思考型读者程序就非常有用。该程序由戴维·罗斯、安妮·梅耶和美国特殊技术应用中心团队创建。思考型读者程序基于一种为各种类型的孩子创建最灵活、最具吸引力的学习方式的通用学习设计（UDL）原则而开发，通过提供不同级别的战略支持将UDL原则嵌入到文本中。例如，该程序包含一个超链接，点击该链接，可以为一个未知概念提供背景知识。该应用程序还可以提供特定的阅读策略（例如何时对阅读的内容进行具象化、汇总、预测或提问等）。当然，超链接非必要时是不会出现的。

不过在具体的操作中，也有比较棘手的问题。例如点读功能，这种不需要读者一一研读每个词语和句子的技术，可能会造成孩子们不求甚解的结果。在利用数字技术的时候，尤其对于阅读能力不够好的儿童，一定要时刻提防孩子过于依赖外部支持的倾向。美国特殊技术应用中心和麦克阿瑟基金会数字媒介和学习项目的研究表明，设计合理、经老师正确指导的数字工具能够起到推进阅读的作用，而不是阻碍阅读。这种工具对于有运动和感觉障碍，觉得双语学习吃力乃至有阅读障碍的儿童尤其适用。

其他在线阅读工具将针对更实际的问题，例如充分利用搜索引擎，选择正确的搜索词来定位信息等。更重要的一点是学习如何评估搜索中的信息，以便察觉其中可能有偏见或者企图影响观点或消费的说服性行为，达到去伪存真、辨识虚假信息和未经确证的信息的目的。无论孩子的学习方式是什么，使用何种媒介学习，直接针对在线阅读和互联网学习弊端而对注意力监控、决策和执行能力的培养，都有利于所有学习过程。

在这种背景下，讨论使用互联网的利弊、其吸引力和可能有害的现实，就好比多年前讨论性教育的问题一样，应该是每个小学教师接受职业培训必不可少的内容。朱莉·科里奥强调说我们要教会孩子们如何拥有数字时代的智慧，这样他们就能学会如何对内容进行取舍，然后通过自我管理，检查个人的注意力和记忆力，来记住课内外通过在线阅读获得的知识。

培养孩童无论使用何种媒介都能轻松分配时间和注意力去开展深度阅读的能力，是培养多元大脑计划的最终目标。深度阅读技巧不仅能为数字文化的负面影响（包括注意力涣散和同理心下降）提供解决方法，还可以推动人们获得积极的数字文化影响。相比只是阅读有关难民报道这种方式，如果孩童能将难民儿童的故事阅读与观看互联网上有关难民的视频结合起来，与难民在希腊、土耳其或者纽约州避难的遭遇和报道关联起来，必然能让儿童更加深切地感受他们的苦难，也更能增强他们的同理心。21世纪的儿童看似比以前更加意识到世界的互联，但是他们未必具备理解他人的深层次知识，也很难感受他人的境遇和情感。雪莉·特克尔在《群体性孤独》中说，我们的孩子通常习惯了坐在椅子上隔着屏幕交流，而不是与人面对面地沟通思想。涉及多种媒体的深度阅读技巧能帮助孩子培养更富有同情心的想象力。

如果一切进展顺利，那么当孩子长到10~12岁时，他们中的大多数都将精通纸媒和数字媒介两种阅读方式，且能够在不同媒体之间毫不费力地切换，来完成不同的任务。他们将开始自主学习，为不同的内容和学习任务选择不同的媒介。无论使用什么媒介，他们都知道如何深入阅读和思考。正如教皇方济各所写的那样，如果我们能够为越来越多的孩子实现这样的目标，社会将更加健康，世界将变得更加人性化。

局限、障碍和乐观的理由

如果整个社会想创造一个推动多元大脑发育的学习环境，我们就必须要正视现实，解决三个大问题。第一，从我作为一个科学家的角度来看，我们需要大量研究纸媒和数字媒介对儿童认知的影响，尤其是对那些无论是因为环境诱发还是天生具有阅读障碍的儿童认知的影响。第二，从我作为一个教育者的角度来看，我们需要加大对人才师资的专业培训力度。大多数教师（82%）从未接受过如何利用技术来提升幼儿园至四年级学生学习能力方面的培训，更不用说如何向不同类型的学习者传授良好的在线阅读技能。第三，从我作为公民的角度来看，我们必须正视我们和世界存在的差距，并努力消除这些差距。

第一个障碍：针对认知的研究

目前针对不同媒介对具有个体差异的学生所产生的认知影响的研究并不多。每年有成千上万的儿童的阅读能力没有达标。现实的残酷意味着在当前的情况下，绝大多数八年级的学生在未来几年时间内将会被界定为“识字不多”。他们会阅读，但是他们无法熟练阅读、独立思考，也不会对所读的内容产生感想。

我们一定要谨慎设计为构建多元大脑所用的多种“媒介”齐用的方法，尤其是对于学前至12年级的阅读能力不好的同学。这需要长期详细的研究。我们得先研究，利用不同媒介阅读的方式对于儿童注意力和记忆力的影响。学生们花在数字媒介上的时间越来越多，面临着不断增多的干扰，儿童们日益依赖于数字设备，当前已有一些学生表现出同理心不足的情况。我们需要彻底了解不同的学习者在不同的发育阶段，具有哪些最佳的学习策略。我们需要家长、教育者和政府领导人齐心协力来开展这类研究。我们需要出版人、设计师来设计既合适又能充分调动儿童积极性的数字应用。所有上述这些问题，我们都得进行实证研究等。

第二个障碍：职业培训和发展

如果2/3的美国儿童难以借助一种媒介的阅读成为熟练的读者，那么能同时在两种媒介实现顺利阅读的人有多少呢？多种媒介阅读是否会成为阻碍他们成功的另一个阶级障碍？教师如何对另一项不可能的指控承担起责任？

对于现状，我们有理由保持最乐观的状态。首先，我们从新的研究中了解到，早期阅读已有六七种方案。这使我们更容易在幼儿发育初期根据评估情况，确定有问题的读者。之后，教师可以根据不同儿童的需求更好地制订教学计划。在不久的将来，数字媒介可以改变整个学习和教学的轨迹。例如，大多数有阅读障碍的儿童的接触语言量需要比普通读者多达10倍，以保证其掌握字母组合和发音的规律。不能按照传统的教学模式来开展教育，即不管是小学几年级，都是一位老师在一间教室里教25个孩子。对于这些有阅读理解障碍的孩子，使用数字媒介能够突破传统教育的束缚。设想一下，如果那些苦苦挣扎的读者可以在课前或者课上比同龄孩子有更多的机会去练习字母组合的模式和发音规则，他们的学习将会发生怎样的变化？阅读有困难的孩子很容易因为学习某个知识点碰壁而难过，借助数字媒介，他们可以反复练习并巩固知识，发掘自身未被发现的创造力。这样一来，我们就能积极消除患有阅读障碍的儿童的消极情绪，减少他们因阅读不畅面对不公平评价的概率等。

此外，可能有些孩子只擅长阅读纸质图书或者只擅长屏幕阅读。朱莉·科里奥开展了一项有趣的实验，研究了七年级学生的阅读偏好。调查结果发人深省，在纸质图书阅读中表现最佳的读者往往是在屏幕阅读中表现最差的读者，反之亦然。这项研究结果是否反映了当今大龄儿童出现了两种不同的阅读回路，习惯了借助某一种阅读方式的学生与习惯用其他媒介阅读的学生具备不同的阅读回路，这一点并不是最重要的。但是，如果一些有阅读障碍的儿童早早按照数字媒介的阅读方式去开展阅读，也许可以取得更好的效果。当然，使用数字技术使他们在不同的语境下，最大限度地接触声音、语法功能和意义，无论是对老师还是对学生而言都具有很大的益处。

对于那些阅读仍有难度、看见书就头疼的年龄稍大的孩子来说，数字互动书籍或有声书籍，以及精心挑选的以阅读为目的的视频游戏，都是有效的补充手段。事实上，针对视频游戏不断扩大的研究表明，一些孩子在这些游戏中取得的成功不仅增加了他们的视觉注意力和眼球运动技能，也鼓舞了他们学习阅读的勇气，毕竟他们十分想在游戏中获胜。

神经科学家和纽格兰奇学院院长戈登·谢尔曼组织教学人员，使用各种数字工具来捕捉和维持有学习困难的较大孩童的注意力。

戈登带我去参观了这所学校的音乐实验室。在那里，我看到了一个年轻人创造的最美丽的作品，它是用库乐队创作的！发掘不同学习者的内在创造力，可以说是当今时代数字技术的一大贡献。

美国教室使用教育科技的过程显示，利用技术促进学习成效并非易事。对课堂中各种数字设备综合使用的调查研究元分析结果显示，与传统的教室相比，使用高科技进行教学的小学生和中学生在阅读、数学和科学成就方面有着明显的优势，但影响的程度不高。这不是因为教师对应用科技不感兴趣。正如出版主管露丝·艾尔斯·米切尔所指出的，2017年关于教育技术使用的调查表明，2/3的美国教师在课堂上积极使用某种技术，不过他们仍然觉得需要更多的支持和培训。

迄今为止，在课堂上使用数字媒介缺乏令人印象深刻的成果，这有多方面的原因。首先，我们才刚刚开始理解数字媒介对儿童认知的影响；其次，我们缺乏对教师的专业培训和支持；最后，也是我们即将谈及的第三个障碍，数字接入是存在鸿沟的。

第三个障碍：提供相同的学习平台和条件

如果我们想让所有的美国学习者都拥有相同的学习平台，我们就必须理顺阅读的条件好坏和教育公平的关系。很多美国小孩家里书很少，除了过度使用手机外，其他数字设备较少或几乎没有。根据罗伯特·帕特南和詹姆斯·赫克曼提出的观点，经济条件不好的家庭数量还在不断攀升。对他们而言，担心孩子们过多接触数字设备或者富媒体电子书简直是多余。这些孩子连图书和计算机都没有，何谈过度接触？

在美国教育部开展的针对1万名四年级小学生的一项研究中表明，在四分位数中处于较低位置的表现较差的调查对象有很大一部分家庭条件不好，这些调查对象在机考中表现更差。这份调查报告在结尾处指出“计算机可能已经拉大了学生的写作水平之间的差距”。接触图书不多的孩子相比那些深谙故事和情节的学生而言，使用的词汇和获得的阅读体验都很不同。接触数字设备和计算机不多的孩子在利用电脑打字输入时更慢，对于较少利用数字设备记录个人想法的学生群体来说，机考的表现也不理想。面对机考，家长和老师也是有很多复杂的情感。如果我们要为所有孩子设计一个能及时按照阅读媒介转换阅读方式的大脑，就得弄清楚如何处理人们常提及的成就差距和较少被谈论的数字文化差距。

维多利亚·赖德奥特和维姬·卡茨在一份名为《人人皆有机会：低收入家庭的技术与学习》的精彩报告中描述了一项针对1 000多户中低收入家庭的调查。这些家庭中存在两种不同的数字时代鸿沟：一种涉及数字工具的使用；另一种，正如研究员亨利·詹金斯所描述的那样，与父母的参与度有关。如果父母没有能力提供阅读指导或购买高质量的应用程序，只是任由孩子在教育生活中娱乐，就没有办法帮助孩子们提高阅读能力。

该报告清楚地表明，虽然大多数接受调查的家庭都以某种方式实现了数字互联，但许多家庭只使用手机，且其中大部分都是过度使用。只有6%的家庭注册了联邦为宽带互联网低收入家庭提供的宽带互联网折扣服务。作者总结了他们的发现，并声称：“使用数字设备不再只是一个是或否的问题。家庭互联网的质量，以及他们可以访问的设备的种类和功能，对父母和孩子都有相当大的影响。”

我来强调一个事实：拥有数字设备并不能确保儿童以积极的方式去使用数字设备。苏珊·纽曼和多娜·塞拉诺在费城图书馆的一项计划报告中描述了迄今为止关于数字访问的最令人沮丧的一项研究结果。该研究的本意是调查图书馆向条件不好的儿童和家庭提供书籍和数字设备应用的影响。但其结果却与研究者的意愿背道而驰：如果没有父母的参与，简单地为条件不好的儿童提供数字设备可能会产生有害的影响。该项研究中的儿童在识字测试方面的表现明显差于其他儿童；在引入技术设备后，他们与其他群体孩子之间的差异有所增加，特别是当孩子们将数字设备用于娱乐的目的之后，更是如此。

这项研究强调了在教育中使用数字技术的一个关键且持续的错误。数字设备学习的积极影响不能简单归结为使用或接触该设备的问题。许多善意的技术专家坚持认为，让孩子们多接触数字设备，就能促进学习中巨大的飞跃，提升识字能力。这种提议的出发点是好的，但有些过于天真。正如纽曼和塞拉诺的研究结果所强调的那样，孩子天生的好奇心是推动其学习和识字的必要条件，却不是充分条件。好奇心和发现是美妙的，富有成效的，虽必要但不充分。孩子们接触数字设备，可能只是学会了如何更好地使用数字设备，没有科学的方法和指导，就无法学会如何更好地识字阅读。

我们研究团队的全球扫盲项目、求知型学习项目的目标包括借助基于合理的应用程序基础上的数字设备来充分发掘孩子们的求知欲，尤其是偏远地区不识字的儿童。这些数字设备的应用程序和设计原则是，基于对阅读脑神经回路的理解，在调动儿童充分发挥想象力的同时，不断培养孩子们在电子设备阅读方面的能力。我们已经在实现这两个目标的道路上取得了巨大的进步，但是还有很多工作尚待完成。我们需要美国乃至全球各领域人士的协同努力，尤其是获得家长的支持，共同找到解决的方案，既设计出有效的应用程序，也可以解决数字设备访问的差距问题。

我们都知道，即使是在遥远的过去，在那个比现在简单很多的时代里，人类的进化也都异常复杂和艰辛。我是一个现实主义者，也是一个乐观主义者。我有充分的理由以现实和乐观的态度看待这个问题。从全球范围来看，企业家彼得·戴曼迪斯最近推出了XPRIZE奖，重金奖励能够提高坦桑尼亚儿童的阅读和学习技能（包括英语和斯瓦希里语）的数字平板电脑设计团队。如果该项目成功，其成果将会成为其他相关行动的范本。只要我们能够开展超越学科和地域限制的协作，在该奖项和越来越多的其他全球性提升阅读能力的项目的努力下，我们就必然会推动整个社会的进步。

阿什利·万斯最近撰写的埃隆·马斯克的传记没有提及马斯克对新推出的成人扫盲项目XPRIZE所做出的巨大贡献，但却形象地用马斯克的口说出了这样一句话：大家眼里的“不可能”只表示“阶段一”。本书第八封信里提出的要构建多元大脑的倡议就属于“阶段一”。随着我们对神经科学、教育和技术了解的深入，尤其是我们更深刻地理解了不同的媒介及其作用，关注了数字设备的使用鸿沟问题，我们就进入了项目的“阶段二”，去构建借助纸质图书和数字媒介解码信息且能自如切换的多元大脑，轻松利用纸质图书和数字媒介的优势将知识内化。

尤其重要的一点是，与你我具有典型的数字阅读模式特征的大脑不同，我希望下一代的阅读脑能从一开始就产生不同的解码模式，从而因阅读目的的不同而自动启用不同的模式。例如，在阅读电子邮件时，他们会使用快速的阅读模式；对于更加严肃的内容，他们则使用深度阅读模式，必要时还会将阅读内容打印出来。如果这个假设成立，那么无论一个人的主导阅读模式是什么，都不会出现阅读的挤出效应。更重要的是，儿童的阅读脑很少会出现短路的情形。此外，如果这个假设成立，那么拥有能灵活转换媒介的多元大脑的孩子将进一步推动人类的智力发展，我们的社会也将变得更加美好。

大脑思维的飞跃

本书第八封信的构建多元大脑的蓝图帮助我们设想了如何使儿童跨越文化鸿沟奔向未来。首先，这始于儿童利用纸质图书和数字媒介进行深度阅读的能力，涉及关注、记忆、关联、推断、分析和飞跃这几个过程。这几个单词的首字母串在一起就是“arcia/tl”，代表了扭转当前很多儿童阅读局面的部分方案，除此之外，还得加上深度阅读“dr”。我想再次重申，一定要从集中孩子们的注意力开始阅读，再要求他们发表个人的见解。

短篇小说家帕特丽夏·麦克李普曾写道：“未来——所有人的未来都只是从心中走出的一小步。”我在第六、七、八封信中针对儿童的未来提出了这样的想法：密切关注我们在当前的阅读脑中必须保留的部分，才能避免无知造成的不可逆的损失；尽力避免数字媒介对于儿童和成年人阅读的负面影响，明确当今社会存在的巨大差距，尤其是人们接触纸质图书和数字设备的差距，以及父母参与亲子阅读的质量差别。这些想法部分勾勒出我们目前身处的数字困境，并为儿童和人类的未来指明了复杂而又让人兴奋的前景。弗兰纳里·奥康纳说："我们已经瞥见到未来的前景。希望我们珍惜眼前的一切，珍惜我们的福分。"

无论我们的前景如何，如果不去思考当下专家级阅读脑已有的宝贵东西，我们就是最无知的人类。我们能否看透好的读者的意义及其对人生的价值，决定了我们的未来。

本书作者

第九封信

回归本心

我们需要在阅读中保持某种形式的沉默……在一个过度网络化的社会中，这似乎越来越难以捉摸……但这并不是我们想要的沉思，而是一种奇怪的分心，一种伪装成已知信息的干扰。在这样的情境中，知识不可避免地成为幻觉的牺牲品，虽然这是一种极具诱惑力的幻觉，它也承诺速度可以引导我们发光：快速反应比深思熟虑更重要……阅读是一种沉思的行为……一种抵制干扰的思维……我们迟早会和时间算总账。

——戴维·乌林

一旦技术的推广超过了一定的规模，对于是否使用技术就没有选择的余地了。还有什么能让我们回归本性，回归家园，彼此依靠呢？我想这就是爱——特定的爱——需要立场和行为的爱。这意味着责任，一种源自慷慨的责任。我认为这种爱界定了人类智慧的有效边界。

——温德尔·拜瑞

亲爱的读者：

在我很小的时候，我认为“优秀的读者”意味着那些能把两间教室书架上的书全部读完的人。当我开始在藏书丰富的学校学习——图书多到可以塞满好几幢图书馆大楼，图书馆的地下还有好几层藏书室——的时候，我认为“优秀的读者”就是博览群书、博古通今的人。当我在一个偏远的地方任教，其他老师纷纷离开的时候，我想如果我不能帮助那些孩子成为优秀的读者，也许他们就只能过着像祖祖辈辈一样备受牵绊、毫无个人选择的生活。当我首次开展研究，将“优秀的读者”与有阅读障碍的人进行比较时，我发现那些有阅读障碍的学生，即使付出加倍的努力依然很难读懂文章。最后，当我研究阅读时大脑如何提取单词时，我对有关“优秀的读者”的所有定义都被激活了。

我为这个词增加了一个含义。亚里士多德在《尼各马科伦理学》中写道：好的社会拥有三种生活：创造知识和生产力的生活、享乐的生活以及沉思的生活。优秀的读者也应该有这三种生活。

在收集信息和获取知识方面，优秀的读者有了第一次生命。我们都不缺少这种生活。

还有第二种生活。在这种生活中，我们可以充分发现阅读的各种乐趣：我们沉浸在故事角色的人生中，在新发现的神秘系外行星中，在偷走了我们呼吸的诗歌中，体验纯粹的沉浸和精致的愉悦。我们可以去体会性爱的浪漫，进入石黑一雄、亚伯拉罕·维基斯或埃琳娜·费兰特的小说中那一个个精心重建的世界；我们可以在约翰·欧文描绘的神秘事件中，或在切斯特顿笔下圣徒的传记或多丽丝·卡恩斯·古德温有关总统事迹的回顾中运用自己的智慧；或者我们也可以与悉达多·穆克吉、尤瓦尔·赫拉利一起探索人类物种的史诗般的传承，无论如何，我们都可借助书这种唾手可得的工具，远离我们碌碌而为的日常生活，前往想象不到的远方。

优秀的读者的第三种生活是迎来阅读的高潮和其他两种生活的终结：对生活的反思。无论我们阅读的是哪个门类，我们都将进入一个完全看不见的个人领域，一个私人的“掌控地”。在这个领域中，我们可以思考人类存在的各种方式，思考一个远超我们想象力的宇宙。

约翰·邓恩说，我们的文化充分体现了亚里士多德的好的社会所具备的前两种生活，但却日益远离第三种生活——沉思的生活。但是，我依然觉得优秀的读者应该有第三种生活。

多年前，哲学家马丁·海德格尔认为，在眼下这个技术创新的时代，巨大的危险在于它可能会产生一种“对冥想思维的漠不关心”。……然后，人类会否认并抛弃自己的本质——思考。因此，问题在于我们要挽救人的本质——人类要保持冥想反思的活力。

我们的数字文化时代不乏像海德格尔那样担心人类的冥想维度受到压制的观察者。我们这个时代过分强调物质主义和消费主义，与时间保持着断裂的关系。泰迪·韦恩在《纽约时报》写道：“数字媒介将我们培养成为高带宽消费者，而不是思想家。我们毫不犹豫地下载或传输一首歌曲、一篇文章、一本书或一部电影，会快速听完、看完刚下载的影片。这个过程中，如果我们没有被其他形式的数字设备或者活动干扰，那就算成功做完一件事并马上进入下一个无关紧要的事情。”正如史蒂夫·沃瑟曼在Truthdig新闻媒体网站中所说的：“互联网所弘扬的加速精神是否削弱了我们的思辨能力，削弱了我们的反思能力？每日爆炸式的信息是否会挤占人们用智慧思考所需的空间？……读者知道……透过腐朽的骨头，我们早已忘却当初死亡时所经历的危险：在没有书、没有文明的世界中，好的社会正在消失，野蛮大行其道。”

若要评判上述对于数字文化的描述是否符合事实，我们必须要毫不退缩地审视自己，评判自己作为读者和地球上一名居民的价值。思维的诸多变化取决于我们为了生存对于新的刺激源所做出的生物反射，也取决于充斥着刺激和阴谋的文化。随着我们意识的加强，我们的行动才是关键。我们是通过忽视它们来加剧负面的影响，还是通过增加知识来纠正它们，在一定程度上取决于我们下一步所采取的对策。

人们很容易忘记存在于我们体内的沉思维度并非一成不变，需要我们付诸行动、花费时间来维持。我们如何估计自己付出的时间，是以毫秒、小时计，还是以天来计算？这可能是大家在不断变化的时代中要做出的最重要的选择。在伊娃·霍夫曼撰写的美文《时间》中，伊娃恳求我们“为了理解我们稍纵即逝的状态，我们需要反思。这是时间给予我们的充满矛盾的礼物，也可能是我们获得的最好的安慰剂”。

沃伦·巴菲特和比尔·盖茨最近在接受查理·罗斯的采访时再次回应了霍夫曼的恳求。当比尔·盖茨被问及巴菲特教会他的最重要的道理时，比尔·盖茨说：“给日历留下空白时间。”巴菲特略感惊讶地从口袋中拿出一张不到巴掌大小的日历纸，上面什么日程都没有，然后平静地说："没有人能买得了时间。"大家都沉默不语，摄像机的镜头一直对着巴菲特慈祥的面庞，似乎要定格这一刻，也想定格这最简单也最难实施的见解。

我们能否在这个时代关注反思能力是一种个人选择，对每个人和公民都有重大影响。约翰·邓恩认为，这个维度的丧失与暴力和冲突的崛起有关。我认为我们逐渐丧失思辨的能力更多是环境造成的结果：对效率的持续需求，盲目"购买时间"而不知道目的是什么；注意力持续时间缩短，被一堆永远不会成为知识的干扰和信息突破了认知的极限；对一些永远不会变成智慧的信息的随意操纵和肤浅应用。

在20世纪上半叶，T. S. 艾略特在《四个四重奏》中写道："我们在知识中失去的智慧在哪里？我们在信息中丢失的知识在哪里？"在21世纪的前25年里，我们每天将信息与知识、知识与智慧混为一谈，这直接导致了人们获得的信息、知识和智慧的减少。以管理深度阅读中的交互式动态过程为例，只有把时间分配给推理和关键分析功能，才能将我们阅读的信息转化为可以整合到记忆中的知识。反过来，只有这种内化的知识才能让我们将新信息进行类比和推论。对新信息的真实性和价值的辨别取决于深度阅读所分配的时间。但是，鼓励深度阅读的好处有很多，包括让我们可以有更多的时间来反思人生，这虽然看似矛盾，但没有深度阅读的技能，我们可能只会任凭时间从指缝溜走而无所作为。现在，我要谈一谈从第三种生活——沉思的生活中取得的收获。

沉思的生活

为快乐留出时间

我们目前的脑成像方法还没有办法呈现阅读最后几纳秒内发生的大脑活动。我想借着阅读的一些蛛丝马迹，带领读者进入第三种生活——沉思的生活。在这种生活中，人们看待时间的方式不同，但总是从快乐开始。

因此，在最后时刻，我邀请你尝试卡尔维诺所描述的“没有其他目的，只是让感情和思想安定下来的时间节奏，沉稳内敛，摆脱所有的急躁或短暂的偶然。”他使用拉丁语 festina lente 来表述，翻译过来的意思就是“逐渐加快”或“慢慢地加快动作”，强调作者需要减慢时间。我在这里使用它来帮助你更有意识地体验第三种生活：知道如何让你的眼睛和思维安定下来并保持静止，准备好迎接接下来发生的事情。

我希望孩子们学习并获得认知的耐心，收回你可能已经失去的很多东西。“慢慢来”这个词让大多数人从现在阅读的简化方式中解放出来：如果你有能力，你可以加快速度，但还是建议你慢下来。拥有认知耐心就是恢复时间的节奏，让你有意识地去参与。你可以快速阅读，但条件是你已知晓要理解怎样的思维、要欣赏哪种美、要记住哪个问题，以及要揭示的真相。

从这个角度来看，慢慢来为本书中关于阅读变化的所有想法提供了两个隐喻。从宏观层面来看，它指导我们实现了向数字文化的过渡：让我们去迅速迎接未来，但要用最好的想法慢慢审视它。在微观层面，它比喻了优秀的读者阅读脑神经回路的整个反射弧：我们自动解码直到感知变成概念，这时的时间减慢，整个自我在思想和感觉汇合时变得更加充实。我们可能会迫不及待地进入那个空间，但我们得先学习如何停下来。我们依然要过日子，只是要给自我留出时间和空间，让我们有机会重新审视自己。

我一向对于“自我”一词的使用非常谨慎。但是，我们现在要提及第三种阅读生活的内核——自我和灵魂安放的家园。我们可以借助他人的思想来更全面地审视自己。要描述读者内心的自我这个看不见的栖息地，恐怕弗吉尼亚·伍尔夫在《到灯塔去》中对拉姆齐太太的描述是最为贴切的。当拉姆齐太太读莎士比亚的诗歌时，她会把自己对深渊的理解与自己和家人的整个生活状态关联起来。拉姆齐太太因为这种新的见解和全新的感受而喜不自胜，但丈夫在一旁，不仅不能理解这种欢愉，而且对自己爱人这种反应见惯不怪；妻子经历了心潮澎湃和思想起伏，他明明在身旁见证，却选择视而不见。

与拉姆齐太太一样，很多读者都知道当我们离开自我，从时空中解放出来，借由阅读进入另外的世界，我们也会经历前所未有的欢愉。这样的欢愉不是灵光一现，也不是因为生性乐天。相反，这种欢愉是人物为了给读者思考留出时间和空间所表达的思绪和情感。

迪特里希·朋霍费尔绝好地说明了阅读赋予人快乐的重要性，即使在最恶劣的环境中也是如此。本书的第四封信也曾提及，朋霍费尔曾写过一本最动人的书——《狱中书简》。此书是作者被关进纳粹集中营后所写，主要是关于他对纳粹德国的看法。这些信件描绘了集中营的人在面对危机四伏、战事四起的局势时所表现出的不屈不挠的精神。而这种精神很大程度上归功于他在集中营里能读到家人千方百计托人送进来的文字（真的是奢侈品），也归功于他会给狱友甚至狱卒读东西，这些内容正如他写下的文字一样让人清醒，鼓舞着他继续活下去。

尽管朋霍费尔身处绝境，但是他的信札却体现了他从阅读本身获得的以及他毫无保留地向他人传递的纯粹的快乐。在一封寄给未婚妻的信中，他写道："我能感受到你的祈祷、和善，以及《圣经》中的选段……音乐、书籍，这些都以前所未有的方式被倾注了生命和现实。在这个伟大的无形世界中，我一刻都不曾怀疑它们的存在。"我相信，是阅读行为所构建的无形庇护所陪伴着他经历了一次次的绝望之境，直到他生命的最后一刻。

朋霍费尔之后离开布痕瓦尔德集中营前往弗洛森伯格集中营，就在美国解放集中营和希特勒自杀前几日，他被处决。转移时，他还随身带着《圣经》、歌德和普鲁塔克的著作。这些满载着他对上帝信仰的书，以及他对人性至善最恒久的希望陪伴着他走向死亡。用他的狱友——一名英国情报员的话来讲，"在我的眼里，他浑身散发着欢乐的气息，他总能从生活的每一件小事感受到快乐。他是我见过的所有人中真正信奉上帝、离上帝最近的一个。毫无疑问，他也是我见过的最有爱心、最善良的人。"我希望我们的后代都能像朋霍费尔那样，知道从哪里可以找到藏在阅读生活中最隐秘角落的快乐，那种能给我们所有愿意去寻找它的人最深层次庇佑的快乐。

不久前，我意外地碰到了能够彰显阅读行为这个伟大维度的例子。哲学家贝尔纳·斯蒂格勒是巴黎蓬皮杜艺术中心国家现代艺术博物馆创新研究所所长。他邀请我参加法国的一个会议，并在会议上发言。那次大会的发言非常费神。事后，我和大家一起吃饭，发现整个席间有不少于15名参会者，除了我之外，其他人都是男士，我是唯一的女士，且不会说法语。我坐在了斯蒂格勒的旁边，尽可能保持淡定，不要显露出我的不自在。于是，我借着谈话的契机，问他为何成了一名哲学家。他轻微顿了一下，说："在监狱里。"我不禁怔了一下，虽然我极力掩饰自己的好奇，但还是忍不住要问："怎么会？"他回答说："持械抢劫，我坐了好几年牢。"

我脱口而出："你是左翼组织成员？"从那一刻起，斯蒂格勒教授和我开始讨论在狱中的生活。与纳尔逊·曼德拉在《漫漫自由路》或马尔科姆在自传中的描述不同，斯蒂格勒阅读的首要目的是逃离监狱现实，开始阅读以后，他一发不可收，一直被无尽的求知欲驱使着。他从书本中发现了哲学，每周志愿者都带他去类似于英国读者组织的地方。在他身处监狱的最后一年的时间里，他每天阅读10~12个小时。他称自己的生活充斥着"无与伦比的满足和快乐"。

后来的故事充满了法国传奇色彩。著名法国哲学家雅克·德里达在斯蒂格勒被释放后见了他。两人碰面后，斯蒂格勒重新进入大学，完成了德里达指导的博士论文，成了法国最发人深省也最有争议的一位哲学家。他一直都在为人类如何在技术文化中过着有意义的生活提供新视角而奋斗。他曾经对药物这个概念给出了语重心长的界定，说药物是"有着治疗美德的包含毒物的解药"。这个定义也给了我启发，让我重新看待技术对社会复杂的贡献。当我离开巴黎的时候，我记住的不仅是他对现代思想具有辩证意义的贡献，更是他本人作为在逆境中通过阅读保持自我、重新思考、超越自我，为更多人谋福祉的典范。

为全社会的福祉留出时间

> 我们被自己创造的技术干扰吞噬，被摆在眼前的信息不断冲击，以至于我们如今要是能读一本意义深刻的书，那就是很有裨益的社交活动。我们为写作、为认真阅读走过的寂静之地，帮助我们做出负责任的决定，也只有在那个地方，我们才能真正和这个社会开展有建设意义的沟通和对话，否则这个世界就会变得十分可怕和失控……
>
> ——乔纳森·弗兰岑

朋霍费尔和斯蒂格勒是利用第三种阅读生活——沉思的生活支撑自己渡过绝望逆境，进而为他人做出巨大贡献的典型。乔纳森·弗兰岑描述的寂静之地是指我们能够借助阅读来进行批判性思维，进而做出负责任的决策，这些决策最终成了对社会有益的行动。

在近期一篇关于国家价值观的文章中，玛丽莲·鲁滨逊写道："我相信我们就如同朋霍费尔一样，面临着人生的转折点，他以生命作则，让我不得不重新看待某个历史时刻所承载的沉重性。重新审视这样的时刻，我发现社会无论何时都不会免受道德灾难的影响……我们应该感谢他比我们更早学到了这个痛苦的教训，而当人们真正意识到这一点时，有可能为时已晚。"

罗伯特·达顿说，我们正生活在历史的关键时期，面对各种新的沟通、认知和选择方式，而这些选择最终也应该是关于深层次的道德选择。与其他伟大的历史转型时期不同，我们有科学、技术，以及必要的伦理想象来帮助我们理解面临的挑战，而不是等到事情到了无可挽回的地步才后悔不迭，但前提是我们要去迎接这些挑战。我之前就说过，我们要正视现实：这是一个充斥着过多选择的时代，我们不可能不加思考地直接接受外在的信息源。越来越多的人认定应该根据所选定的信息来感知周遭的世界，因为这符合传统的思维方式和内容。因此，虽然我们现在有了更多的信息，但我们去深度思考的驱动力越来越小，也更不愿意去尝试与众不同的想法了。我们认为自己已经知道得够多了，但是具有误导的精神状态会让我们进入一种被动的认知自满中，导致人们无法进一步反思，也无法为他人、为我们的思考创造条件去开启新的世界。

知识、社会和道德的忽视以及社会秩序的破坏，人们早已对此屡见不鲜。我们要知道其中的利害关系，这也是本书的最终信息：无论数字链的强弱程度如何，如果我们依然无法意识到其潜在的影响力，不去关注其使用对我们的反思能力造成的威胁，且对民主社会的未来施加更加深远的影响视而不见，则后果将不堪设想。无论出于什么原因，无论通过什么媒介，无论处于什么年龄，个体的分析和反思能力的萎缩和逐渐废弃是社会必须面对的真正的巨大威胁。

20年前玛莎·努斯鲍姆讨论了将自己的思想主导权交给他人，而默认自己毫无主见、不去参与决策的恶果。

> 如果一个国家的人们具有先进的技术头脑，却不具备思辨能力来审视自己、尊重人性和他人的多元性，这简直就是灾难。而且，除非我们努力改变现有的不良趋势，否则我们早晚会自食恶果。因此，当务之急是大家一起齐心协力，培养公民的自主推理能力、慷慨包容的心性，在不断探索和理解中拓展自己的视野和认知能力，从而成为合格的公民。

努斯鲍姆呼吁建立一个更有思想、更有同情心、更多元化的公民社会，这已是十分紧迫的事情。如果我们逐渐失去审辨思维的能力，我们也将失去冷静地审视管理个人的思考能力。20世纪最严重的暴行悲惨地证明当一个社会未能审视自己的行为，并将其分辨的权力交给控制他们如何思考、该对什么恐惧的人的时候，会发生怎样的灾难。朋霍费尔在他的监狱牢房中描述了一个熟悉的旧景：

> 如果我们仔细地观察，就会发现任何对权力的暴力展示，无论是政治的还是宗教的，都会在相当一部分人中产生极度的愚昧和荒唐。这实际上似乎是一种心理学和社会学法则：一些人的权力实施需要另一些人变得愚昧。这不是说人的某些能力，如智力活动能力受到了阻碍或破坏，而是权力的高涨给人以压倒性的印象，让人觉得人类已经被剥夺了独立的判断力……放弃了自己评估新事态的努力。

如果我们忽略了20世纪人类所犯的错误，也没能评估我们在这个数字鸿沟日益深化的社会中将自己的分析能力和独立判断能力交付他人手中的影响，这将是21世纪人类犯下的两个最大的错误。而我们的整体批判能力减弱的趋势已经日渐明显，对此，我想不会有很多人持反对意见。但是真正要考虑的问题是谁放弃了自己的思辨和独立判断，原因又是什么？

大部分阅读脑的变化是为了适应数字文化而发生的。我当初没想到这种变化会对社会产生如此深刻的影响，但我最后得出了这样的结论。在翁贝托·艾柯与其他人对话时，重申了与这一结论相关的观点："民主这个脆弱的游戏为我们提供了关于观点和信仰的辩证法，希望这种沟通能够扩大整体的道德良知，这是有序共存的基础。"

书面语言的发明对人类最重要的贡献是为人类的审辨、推理和反思能力构建了基础。这是集体良知的基础。如果我们在21世纪要保持一种至关重要的集体良知，就必须确保社会的所有成员都能够进行深度阅读和思考。如果我们不教育我们的孩子和全体公民都要对所有媒体保持警惕、审视和明智处理的态度，如果我们无法承认和接纳那些持有异议的人所具备的反思能力，那么我们这个社会，乃至国家都可能会重蹈20世纪的覆辙。

纳丁·斯特劳森在她的新书中提出，只有当全体公民的权利、思想和抱负得到尊重和表达，且民众相信不管所持观点如何，这一点都不会改变的时候，民主才取得了真正的胜利。对民主的威胁不是源自各抒己见，而是没能确保所有公民都受到良好的教育并利用智力形成自己的观点。我们很少谈论这一威胁。当一些公民未能受到教育以充分利用其智慧形成自己的观点时，当过多的希望或者恐惧掩盖了真正的理性，而反思的能力又退化，没法做出理性和富有同情心的决策时，就会出现真空地带，让人容易受到蛊惑。

大多数人从未意识到这一点。正如我最近阅读黑塞的《卢迪老师》所获得的体验一样，只是一个人意识到人类反思的能力乃至社会意识在逐渐退化，往往站不住脚，需要我们去推敲，去验证。我担心人们过分依赖外部信息来源，年轻人不会意识到他们的知识盲区。我同样担心我们作为他们的向导，没有意识到自己的思想正在逐渐变得狭隘，我们面对复杂问题的注意力在不自觉地缩短。我们写作、阅读或思考超过140个字符的能力也出乎意料地减少了。我们必须全面评估自己作为读者、作家和思考者的身份。

优秀的读者是整个社会的金丝雀，能够及时感应到面临的危险，又是人性的守护者。第三种阅读生活的最后一个前提是我们有能力将信息转化为知识，再把知识转化为智慧。正如玛格丽特·李维曾经提出的，为了构建利他主义的基础，我们必须将最高等的智慧与同理心、美德结合起来，这是我们人类得以繁衍生息的基础。如果这些能力受到了侵害，如果优秀的读者越来越少，我们人类的生存将会面临危险。如果我们支持这些能力的发展，不断培养优秀的读者，我们不仅能克服数字文化的缺点，还能推进利用数字文化的潜能推动人们采取智慧的行动。

为智慧留出时间

我认为智慧不单纯是思考，也不单纯是行动，而是在行动中思考。

——约翰·邓恩

在优秀的读者第三种生活——沉思的生活所给予的馈赠中，智慧，即认知的最高形式是其最终表达。哲学家查尔斯·泰勒在《语言动物》中以威廉·冯·洪堡的一句话作为一篇有关语言的颇有见地的文章的开始，它赋予了人类“表达的动力”，这是寻求智慧的基础。这句话是这样说的：“表达的动力不是语言中直接包含的，但却由其激发的（思想/灵魂）提供；反过来，（驱动力）将灵魂所感受到的一切都与声音结合起来。”在泰勒看来，“拥有一种语言的本质就是不断试图扩展其表达的力量”。

优秀的读者在第三种阅读生活中同样需要不断体会和表达最好的想法，以便扩展对宇宙的更真实、更美好的理解，在此基础上引领生活。这样的任务是深度阅读的最远目标，也是智慧的开始，而不是智慧的结束。正如普鲁斯特多年前所阐述的那样，“（作者的）智慧的终结只是我们的开始。”多年来，我一直谨记于心，这些话让我知道何时停下来与优秀的读者做好交接准备。你——我亲爱的读者，该来接管所有的工作了。

阅读的未来和优秀的读者

文字工作是崇高的，因为它可以衍生。文字能让我们保留差异，人性差异，这是我们人类同其他物种的区别所在。我们都会死。正因为向死而生，人生才变得有意义。我们还有语言，这可能是度量人生的标准。

——托尼·莫里森

本书从第一封信到最后一封信，梳理了人类阅读脑获得的成就。我希望借助这些信能和读者开展一场对话，聊一聊我所关注的问题。首先，反映了数字媒介特征的具有可塑性的阅读脑是否会导致我们最本质的思维过程（包括批判性分析、同理心和反思能力）的萎缩，进而危害整个社会？其次，这一切的发生是否会威胁我们年青一代的发展？确切一点儿说，人类大脑的各种互动是否会受到永久性的威胁。几百年来，人脑活动的速度不断加快，这多少是一点儿安慰。

我关注的第三个问题略有些麻烦，因为它同样对我们的发展至关重要。人类似乎天生具有无穷的能力，勇于超越感知的极限。当我们做不到时，我们会为自己创造新的工具和技术。事实上，人类大脑的可塑性使我们能够做到这一点。但是，当我们试图通过新技术工具来克服感知和知识的限制时，大脑的可塑性也有改造自我的能力（例如注意力和记忆力）。正如在进化中会存在“失误”，有时候因为环境不支持，整个物种及其特征或能力会逐渐消失。当我们热情地准备迎接无法想象的未来的挑战时，我们的认知能力的表观遗传变化就可能会出现疏漏。

面对数字困境，我们应对当前阅读回路互联和受到威胁的认知、情感和伦理问题做出回应。要对认知、情感和伦理问题回避很简单，但是正是这些维度使我们成为当今的读者。跳跃到新的知识学习模式，从而更快地获取知识、忽略阅读信息和我们人脑用于分析和反思之间的差距，是很容易的。正如戴维·乌林所说，我们要开始一场抵制行为，要停下来审视自己的智慧，明白我们以后要变成怎样的读者，如何培养未来的接班人具有多种功能的最佳阅读脑。

现在，我想你们都已经明白了阅读脑本身既是真实存在的，也是为了实现人类智慧和美德做的隐喻。即使有时候我也害怕后代的阅读脑神经回路会短路，我也希望并相信阅读脑神经回路的多元能力能够体现人类呈指数级增长的智力、情感和道德。

这是我们这一代人面临的关键时刻：我们衡量生活的真正意义的时刻。如果我们在这个文化和认知的十字路口，采取明智的行动，我相信，就像查尔斯·达尔文对人类的希望一样，我们的阅读脑神经回路将变得更加精雕细琢，展现出“无穷的美”。

让我们慢慢地动起来吧。我亲爱的读者，该回家了！

本书作者

致 谢

10年前，当我写完第一本书时，世界出版巨头哈珀·柯林斯公司的编辑盖尔·温斯顿告诉我：每本书都有自己的生命。这实在是远见卓识。现在回想起来，用这句话形容这本书，再贴切不过了。很多人为它的诞生做出了不可磨灭的贡献。我的母亲玛丽·伊丽莎白·贝克曼·沃尔夫看似平凡，但她却具有非凡的自学能力，从未停止过阅读书籍或养育孩子。她一手带大自己的孩子、孙子，甚至曾孙，直到她生命的最后一周。她去世前两天，我告诉她这本书是为她而写——她是我的母亲，也是我的挚友。我想她肯定是听到我说的话了。她总能倾听我的声音。如果我够幸运，她在天之灵也依然能听得见我说的话。

我的两个儿子——艺术界的本·沃尔夫·诺姆和谷歌的戴维·沃尔夫·诺姆，他们在码字或者处理各种工作任务时，看似没有在听我谈话，其实我知道他们一直在听。他们越发睿智的见解指引着我，正如我希望自己的见解也能指引着他们。他们提议本书以“文本太长：如何深度阅读？”为题，这个建议虽然没有被采纳，但他们对其主题的许多想法在我写作时一直在我的大脑中萦绕。语言已经无法表达我对他们的爱和感谢。

其实，很多人都为本书提供了诸多帮助，我在这里要表达我对他们的感激。我的编辑盖尔·温斯顿和我的文学经纪人安妮·埃德尔斯坦促成了本书的诞生，说他们是这本书的再生父母，一点儿也不夸张。没有人能像他们这样在我反复修改中提供极有说服力的帮助。他们对我的意义，就像是但丁笔下的比阿特丽斯。但我已经把他们看作我不可或缺的神经胶质细胞，他们是支撑、愈合、移植和引导大脑第一个神经元进入最终家园的特殊细胞。因此，在本书成稿期间，安妮和盖尔一如既往地支持着我。可能有些人觉得这个词比较深奥，不过在我看来，这是我对两位非凡的职业女性朋友的最高赞誉。我也非常感谢另外两位朋友，一位是意大利生活与思想出版社的社长奥莱利奥·玛丽亚·莫托拉博士，他对本书第一封信至第四封信中的语言和文学性有着深刻的见解。另一位是剧作家凯西·邓普尔斯曼，她帮助我为这些信起了标题。

如果没有塔夫茨大学阅读和语言研究中心的同事和研究生多年的工作，我就不可能写出任何书籍和文章。我先要感谢我的前助理主任和儿童语言学家斯蒂芬妮·哥特瓦尔德，她对儿童的奉献精神，大概只有和她共事过的人能体会。我也要感谢以下这些人的无私奉献，包括凯瑟琳·唐纳利亚当斯、玛雅·艾历维萨托斯、米雷特·巴兹莱、苏利纳·巴硕、泰利·乔夫·本亚雷士、凯瑟琳·比德尔、艾伦·波赛勒、帕特丽夏·博尔斯、乔安娜·克里斯托夫、科林·卡宁汉、特里·迪恩尼、帕特里夏·唐纳利、温蒂·加朗特、伊冯·吉尔、埃里克·格雷科曼·唐德罗、安奈里·赫诗曼、塔米·卡特兹尔、辛西娅·克拉格、玛雅·米萨拉、琳恩·托莫·米勒、凯西·苿蕾兹、伊丽莎白·诺顿、贝丝·奥布莱恩、梅丽莎·奥尔金、艾莉莎·奥·罗尔克、奥拉·欧泽诺夫·帕尔奇克、凯瑟琳·斯图德利、凯瑟琳·乌尔曼·谢德、劳拉·范登堡以及其他没被提及的人。因篇幅限制，这里不再一一提及。我想在此再次感谢米雷特·巴兹莱有关技术支持和关于儿童的思考的帮助；感谢塔米·卡特兹尔和梅丽莎·奥尔金对阅读流畅性和情感的重要见解;感谢奥拉·欧泽诺夫·帕尔奇克在阅读预测和音乐方面的杰出研究；感谢丹尼拉·特拉菲坎特以及瓦伦蒂娜·阿道夫在意大利版干预方面的杰出工作。

2017年，尼尔马拉·辛·莫汉和哥特瓦尔德博士，以及奥尔金在协调研究中心的工作方面贡献了很多，还帮助我准备好待出版的手稿，感谢你们的帮助！同样对我帮助很多的人还有美国大学侧写神经科学家凯瑟琳·斯图德利，她以自己对阅读脑独特睿智的眼光，为我的三本书制作了插图。她真的很有才华。

在过去几年中，还有三群同事对我的研究计划进行了巩固和扩展。我在美国国家儿童健康与人类发展研究所的研究伙伴和朋友——罗宾·莫里斯和莫琳·洛维特和我一直在为患有阅读障碍以及其他面临阅读挑战的儿童进行干预研究，时间长达20多年。我们非常感谢在里德·里昂和佩奇·麦克卡德尔的领导下，美国国家儿童健康与人类发展研究所对这项工作的大力支持。我认为莫林和罗宾是我最好的同事。他们两人还参与了我们最新的全球扫盲（求知型学习）研究合作。我还要感谢斯蒂芬妮·哥特瓦尔德（是的，她有很多头衔！）、廷斯利·葛莲和麻省理工学院媒体实验室的同事——社交机器人学家辛西娅·布雷齐尔以及埃里克·格雷科曼·唐德罗和泰勒·汤普森。

近来，朋友和同事针对社会公正和儿童教育的思辨给了我很大启发。他们针对移民生活的研究，以及我们共同开展的针对多元学习者的研究，给了我很多灵感。我非常感谢神经学家安东尼奥·巴特罗和教皇科学院院长马塞洛·桑切斯·索龙多多次邀请我参加梵蒂冈会议，在会上呈报我针对世界上被剥夺权利的儿童的扫盲项目的研究成果。在相关的领域，我要感谢我在加利福尼亚大学旧金山分校医学院的同事——林芙·霍福德和阅读障碍研究中心的玛丽亚·路易莎·格纳–邓普尼。他们对阅读障碍的尖端神经科学研究以及他们推广研究成果应用的努力，给了我无限的支持。我和加利福尼亚州的这些同事希望通过协调公立和独立的大学、诊所和学校的工作，为尽可能多的孩子提供识字的机会，特别是那些有阅读障碍和学习挑战的孩子。

我在剑桥的朋友虽然不曾和我一起开展研究，但他们却给了我这个女作家最需要的支持：来自女性作家和艺术家的支持。我将永远感谢小说家任璧莲和阿莱格拉·古德曼、波士顿建筑师玛丽安·汤普森、哈佛大学的鳞翅目学专家内奥米·皮尔斯（她证明了弗拉基米尔·纳博科夫蝴蝶移民模式理论是正确的！）。他们给予的鼓励总是与众不同，我们曾经一起吃了上百顿早餐，这样的默契实属难得。感谢杰奎琳·奥尔兹的陪伴，感谢黛博拉·杜梅因、丽诺尔·迪金森、克里斯汀·赫伯斯·萨莫尔，和你们一起聚餐的经历太让人难忘了。

没有塔夫茨大学管理层的大力支持，特别是詹姆斯·格莱赛院长、乔·奥尔院长和安东尼·莫纳科校长，我就无法完成本书的研究。他们不但批准我在斯坦福大学行为科学高级研究中心花两年时间写这本书，还一再鼓励我坚持下去，对此，我永远感激。我在艾略特–培生儿童研究和人类发展部以及认知科学项目中的同事也给了我很多支持，特别是奇谱·基德尼、雷·杰肯道夫、弗兰·雅可布、吉娜·库佩伯格和负责人戴维·亨利·费尔德曼。感谢我亲爱的朋友和非凡的塔夫茨大学同事——已故的杰里·梅尔登，他的名字将永远铭记在我和其他认识他的人心中。

斯坦福大学行为科学高级研究中心对本书和我的其他著作都具有特殊的意义。在玛格丽特·列维颇有远见的明智指导下，斯坦福大学行为科学高级研究中心为我们提供了一个知识庇护所，使我们可以留出专门的时间来写作，开展跨学科的讨论，借此产生新的思想方向。斯坦福大学行为科学高级研究中心的全体员工，包括玛格丽特、副总监莎莉·施罗德以及我最喜欢的技术专家拉维·施瓦纳，为我们创造了无与伦比的反思空间，启发了本书的诸多思想源泉。这本书的生命就始于那里。

这本书的生命在世界上最美丽的村庄——法国塔卢瓦尔得以继续，塔夫茨国际中心和夏季学校就位于安纳西湖岸边。由于塔卢瓦尔项目负责人加布里埃尔·戈尔茨坦的慷慨和帮助，我在2017年夏天在法国艺术家罗兰·特斯涅勒的工作室里度过了一段时间，并写了这本书。我非常感谢这两位了不起的女士。

我还要感谢另一位杰出的女士芭芭拉·伊万斯。她和丈夫布拉德一起在过去10年中帮助了我在阅读干预和全球扫盲项目的工作。他们夫妻是我在阅读干预研究领域的资助人，帮助我培训了很多研究生。这些研究生日后成为老师或者专门研究识字和阅读障碍的研究员。最重要的是芭芭拉一直是善良和灵感的源泉。她热心助人，能温和地催促我和她身边的所有人努力去帮助全球各地的儿童。芭芭拉和布拉德是最善良的两个人。

我将以我对母亲、家人和朋友的感谢来结束这篇致谢。我的父母是世上最好的父母，他们一直以来倾尽所有抚育四个孩子——乔、凯伦、格雷格和我。我真是个幸运的人，我的兄弟姐妹及其配偶芭芭拉、巴里和珍妮也是极好的人。这不是巧合，我们所有人都继承了父亲弗兰克·沃尔夫和母亲玛丽·沃尔夫的道德和精神遗产，这是我们最好的财富。

对于我最亲爱的朋友们，我的感受是一样的，他们是：我的妹妹凯伦、海蒂、托马斯·巴利、辛西娅·克莱特·斯图尔德、克里斯汀·赫伯斯·萨莫尔、奥雷利奥·玛丽亚·莫托拉和洛特·诺姆，还有已经长眠地下的乌利·克斯伯·格罗斯曼、肯·索科洛夫、戴维·斯文尼、塔米·恩格尔和约翰·邓恩，我也要在此一一感谢。你们的著作深刻地启迪了我。

我要再次对所有帮助过我的人说声谢谢。没有你们，就不会有这本书的成稿和面市。你们诠释了“每本书都有自己的生命”这句话的含义。

注 释

1. **"We are in a different phase"**: J. Enriquez and S. Gullans, *Evolving Ourselves: How Unnatural Selection and Nonrandom Mutation Are Changing Life on Earth* (New York: Current, 2017), 180, 259.
2. **Reading is an act:** D. L. Ulin, *The Lost Art of Reading: Why Books Matter in a Distracted Time* (Seattle, WA: Sasquatch Books, 2010), 150.

第一封信　阅读是思维的金丝雀

1. **"Fielding calls out"**: B. Collins, "Dear Reader," in *The Art of Drowning* (Pittsburgh: University of Pittsburgh Press, 1995), 3.
2. **galactic changes**: I refer both to work of futurists such as Enriquez and Gullans, *Evolving Ourselves: How Unnatural Selection and Nonrandom Mutation Are Changing Life on Earth* and also to a new study by astrophysicists at Northwestern University that now indicates that each of us contains the stuff (atoms of carbon, nitrogen, oxygen, etc.) of not only our own galaxy but also other galaxies. See *Monthly Notices of the Royal Astronomical Society*, July 26, 2017.
3. ***human beings were never***: This is the beginning of my book *Proust and the Squid: The Story and Science of the Reading Brain* (New York: HarperCollins, 2007).
4. ***Duino Elegies***: R. M. Rilke, *Duineser Elegien*, trans. A. Poulin, Jr. (Boston: Houghton Mifflin, 1977).
5. **Peace Corps–like stint in rural Hawaii:** This is the project sponsored by University of Notre Dame in the CILA program. Eric Ward and I and Henry and Tony Lemoine volunteered to be teachers in a school in Waialua, Hawaii, where there were no longer enough teachers for the children and where most of the parents had come from the Philippine Islands to work on the sugar plantation there.
6. ***Proust and the Squid***: See Wolf, *Proust and the Squid*.
7. **Steven Hirsh**: Professor of classics, Tufts University, to whom I continue to be grateful for his almost yearlong tutorial on Socrates and Plato.

8. **Walter Ong**: W. Ong, *Orality and Literacy* (London: Methuen, 1982).
9. **part of deep reading**: First used by Sven Birkerts in *Gutenberg Elegies* and used more specifically (cognitively) by me in my research. See M. Wolf and M. Barzillai, "The Importance of Deep Reading," *Educational Leadership* 66, no. 6 (2009): 32–37. I am indebted to Nicholas Carr for his general incorporation of the term in his book aptly called *The Shallows*.
10. **we have choices to make**: Enriquez and Gullans, *Evolving Ourselves*.
11. **"fertile miracle of communication"**: M. Proust, *On Reading*, ed. J. Autret, trans. W. Burford (New York: Macmillan, 1971; originally published 1906), 31.
12. ***Letters to a Young Poet***: R. M. Rilke, *Letters to a Young Poet*, trans. M. D. H. Norton (New York: W. W. Norton, 1954). See also Rilke, *Briefe an einen jungen Dichter* (Wiesbaden: Insel-Verlag, 1952). These letters were exchanged with Franz Xaver Kappus between 1902 and 1908.
13. ***Six Memos for the Next Millennium***: I. Calvino, *Six Memos for the Next Millennium* (Cambridge, MA: Harvard University Press, 1988).
14. **Kant's three questions**: See J. S. Dunne, *Love's Mind: An Essay on Contemplative Life* (Notre Dame, IN: University of Notre Dame Press, 1993).
15. **global literacy**: See the work that my colleagues at Curious Learning: A Global Literacy Project are pursuing in the last chapter of M. Wolf, *Tales of Literacy for the 21st Century* (Oxford, UK: Oxford University Press, 2016). This work has been presented at four meetings of the Pontifical Academy of Sciences in Vatican City. Chapters include M. Wolf et al., "The Reading Brain, Global Literacy, and the Eradication of Poverty," *Proceedings of Bread and Brain, Education and Poverty* (Vatican City: Pontifical Academy of Social Sciences, 2014); M. Wolf et al., "Global Literacy and Socially Excluded Peoples," *Proceedings of The Emergency of the Socially Excluded* (Vatican City: Pontifical Academy of Social Sciences, 2013).
16. **Aristotle wrote**: See Dunne, *Love's Mind*.
17. **"iron sharpens iron"**: J. Pieper, *The Silence of St. Thomas*, trans. John Murray and Daniel O'Connor (South Bend, IN: St. Augustine's Press, 1957), 5.
18. **"It seemed to me"**: Proust is quoted in this translation in M. Edmundson, *Why Reading?* (New York: Bloomsbury, 2004), 4.

第二封信 阅读脑中的马戏表演

1. **"The Brain—is wider than the Sky"**: E. Dickinson, *The Complete Poems of Emily Dickinson*, ed. T. J. Johnson (Boston: Little, Brown, 1961). Wikisource, 6320.

2. **"Tell all the truth, but tell it slant"**: Ibid. Wikisource, 1129.
3. **"connected to one another"**: D. Eagleman, *Incognito: The Secret Lives of the Brain* (New York: Viking, 2011), 1.
4. **circuit for reading**: This letter is heavily based on research summarized in "A Neuroscientist's Tale of Words," chap. 4 of M. Wolf, *Tales of Literacy for the 21st Century* (Oxford, UK: Oxford University Press, 2016). See work on the concept of circuits in S. Petersen and W. Singer, "Macrocircuits," *Current Opinion in Neurobiology* 23, no. 2 (2013): 159–61. See the important work on reading circuits by B. A. Wandell and J. D. Yeatman, "Biological Development of Reading Circuits," *Current Opinion in Neurobiology* 23, no. 2 (2013): 261–68; B. L. Schlaggar and B. D. McCandliss, "Development of Neural Systems for Reading," *Annual Review of Neuroscience* 30 (2007): 475–503; J. Grainger and P. J. Holcomb, "'Watching the Word Go By': On the Time-course of Component Processes in Visual Word Recognition," *Language and Linguistics Compass* 3, no. 1 (2009): 128–56.
5. **the brain recycles**: The term *neuronal recycling* has been used by Stanislas Dehaene to refer to "the partial or total invasion of a cortical territory initially devoted to a different function, by a cultural invention. . . . Neuronal recycling is also a form of reorientation or retraining: it transforms an ancient function . . . into a novel function that is more useful in the present cultural context." S. Dehaene, *Reading in the Brain: The New Science of How We Read* (New York: Viking, 2009), 147.
6. **Chinese, character-based reading-brain circuit**: See D. J. Bolger, C. A. Perfetti, and W. Schneider, "Cross-Cultural Effects on the Brain Revisited: Universal Structures plus Writing System Variation," *Human Brain Mapping* 25, no. 1 (May 2005): 92–104.
7. **This is not the case**: I will leave aside for now a discussion of outliers such as Jean-Paul Sartre and the novelist Penelope Fitzgerald who seemingly developed this capacity by themselves before they could barely speak. See discussion in M. Wolf, *Proust and the Squid: The Story and Science of the Reading Brain* (New York: HarperCollins, 2007).
8. ***neuroplasticity***: See discussion in M. Wolf, *Tales of Literacy in the 21st Century.*
9. **Donald Hebb**: Originally published in 1949 and reprinted as D. Hebb, *The Organization of Behavior: A Neuropsychological Theory* (Mahwah, NJ: Psychology Press, 2002).
10. **Figure 1:** Catherine Stoodley's overview is based on several meta-analyses of brain imaging studies of reading. See in particular A. Martin, M. Schurz, M. Kronbichler, and F. Richlan, "Reading in the Brain of Children and Adults: A Meta-Analysis of 40 Functional Magnetic Resonance Imaging Studies," *Human Brain Mapping* 36, no. 5 (May 2015): 1963–81; Grainger and Holcomb, "'Watching the Word Go By.'"

11. **Chinese and Japanese Kanji**: Bolger, Perfetti, and Schneider, "Cross-Cultural Effects on the Brain Revisited."
12. **biological spotlights**: See the work on attention by Earl Miller and Timothy Buschman, e.g., E. K. Miller and T. J. Buschman, "Cortical Circuits for the Control of Attention," *Current Opinion in Neurobiology* 23, no. 2 (April 2013): 216–22.
13. **orienting attentional system**: For a fuller description of attention, memory, and visual systems in reading, see Wolf, *Proust and the Squid*, and Wolf, *Tales of Literacy for the 21st Century*.
14. ***retinotopic organization***: For comprehensive descriptions of the role of the visual system in reading, see B. A. Wandell, "The Neurobiological Basis of Seeing Words," *Annals of the New York Academy of Sciences* 1224, no. 1 (April 2011): 63–80; Wandell and Yeatman, "Biological Development of Reading Circuits."
15. ***representation***: See B. A. Wandell, A. M. Rauschecker, and J. D. Yeatman, "Learning to See Words," *Annual Review of Psychology* 63 (2012): 31–53.
16. **Even if we just imagine**: The work on visual representations has been very influenced by the program of research by Stephen Kosslyn, with a landmark study: S. M. Kosslyn, N. M. Alpert, W. L. Thompson, et al., "Visual Mental Imagery Activates Topographically Organized Visual Cortex: PET Investigations," *Journal of Cognitive Neuroscience* 5, no. 3 (Summer 1993): 263–87.
17. **where the occipital and temporal lobes meet**: This somewhat controversial area is what Dehaene, Cohen, and McCandliss, among others, call the Visual Word Form Area, or VWFA. Dehaene also refers to it as the Letterbox. Others label this region differently: e.g., Yale University's Ken Pugh refers to it simply as the occipital-temporal junction. British researchers such as Cathy Price conceptualize the area more broadly as a convergence zone with polymodal interactions among visual, auditory, and tactile areas and with involvement in various functions such as word retrieval. See C. J. Price and J. T. Devlin, "The Myth of the Visual Word Form Area," *Neuroimage* 19, no. 3 (July 2003): 473–81.
18. **forty-four different phonemes**: The largest body of research on reading over the last four decades has emphasized the essential role that phonemes and their underlying phonological processes play in the acquisition of the alphabetic code and in reading challenges such as dyslexia. See the excellent recent summary in M. Seidenberg, *Language at the Speed of Sight: How We Read, Why So Many Can't, and What Can Be Done About It* (New York: Basic Books, 2017).
19. **based on probabilities and prediction**: See the important work by Andy Clark on how prediction prepares perception, e.g., A. Clark, "Whatever Next? Predictive Brains, Situated Agents, and the Future of Cognitive Science," *Behavioral and Brain Sciences* 36, no. 3 (June 2013): 181–204. Using multiple forms of imaging in her re-

search, Gina Kuperberg shows that such predictions are at work in everything from identifying a letter to selecting the most predictable meaning of a word. Thus what we know speeds up the recognition of what we see. See G. R. Kuperberg and T. F. Jaeger, "What Do We Mean by Prediction in Language Comprehension?," *Language and Cognitive Neuroscience* 31, no. 1 (2016): 32–59.

20. **all manner of interesting**: See the early work in priming research by the cognitive scientist David Swinney on how we activate the multiple meanings of words unconsciously whenever we see the word displayed; see, e.g., D. A. Swinney and D. T. Hakes, "Effects of Prior Context upon Lexical Access During Sentence Comprehension," *Journal of Verbal Learning and Verbal Behavior* 15, no. 6 (December 1976): 681–89.
21. **physically act it out**: Fascinating research suggests how the motoric system is activated when we initially encounter the word in a text. For activation for reading verbs, see in particular F. Pulvermüller, "Brain Mechanisms Linking Language and Action," *Nature Reviews Neuroscience* 6, no. 7 (July 2005): 279–95. See also Raymond Mar's work on embodied comprehension, e.g., H. M. Chow, R. A. Mar, Y. Xu, et al., "Embodied Comprehension of Stories: Interactions Between Language Regions and Modality-Specific Mechanisms," *Journal of Cognitive Neuroscience* 26, no. 2 (February 2014): 279–95.
22. **"semantic neighborhood"**: For an excellent, accessible summary of work on how semantic processes work, see R. Jackendoff, *A User's Guide to Thought and Meaning* (New York: Oxford University Press, 2012).
23. **Anna Karenina**: L. Tolstoy, *Anna Karenina*, trans. Constance Garnett (New York: Barnes and Noble Classics, 1973; originally published 1877).
24. ***angular gyrus***: This region plays an integrative role during the acquisition of reading. Earlier work by the behavioral neurologist Norman Geschwind placed the angular gyrus in a more central role in his early models of reading. Current imaging studies show its activation in semantic processing, particularly when monitoring the linking of semantic and phonological information. See, e.g., Kuperberg and Jaeger, "What Do We Mean by Prediction in Language Comprehension?," and research by Mark Seidenberg and his colleagues, e.g., W. W. Graves, J. R. Binder, R. H. Desai, et al., "Anatomy Is Strategy: Skilled Reading Differences Associated with Structural Connectivity Differences in the Reading Network," *Brain and Language* 133 (June 2014): 1–13.
25. **our words contain and momentarily activate**: See Swinney and Hakes, "Effects of Prior Context upon Lexical Access During Sentence Comprehension."
26. **mot juste**: See the description of how the writer searches for the perfect

match between thought and word in I. Calvino, *Six Memos for the Next Millennium* (Cambridge, MA: Harvard University Press, 1988).

27. **"there are as many connections"**: D. Eagleman, *Incognito: The Secret Lives of the Brain* (New York: Viking Press, 2011), 1.
28. **as many things are happening**: Even though I must present these processes more linearly when I describe them, the reality is a set of dynamic interactions among them that we continue to learn about. See excellent descriptions in Seidenberg, *Language at the Speed of Sight* and L. Waters, "Time for Reading," *The Chronicle of Higher Education* 53, no. 23 (February 9, 2007): B6.

第三封信 深度阅读正在消亡吗?

1. **"I think that reading"**: M. Proust, *On Reading*, ed. J. Autret, trans. W. Burford (New York: Macmillan, 1971; originally published 1906), 48.
2. **Gina Kuperberg and Phillip Holcomb**: See in particular Kuperberg's use of multiple imaging (multimodal) methods to ascertain both the time course and the spatial information about when and what structures are involved when we read words. For example, in semantic research, she and her team use fMRI to capture a neuroanatomical picture of the networks underlying the meanings of words and both MEG and ERPs (see next note) to capture the time sequence involved. See E. F. Lau, A. Gramfort, M. S. Hämäläinen, and G. R. Kuperberg, "Automatic Semantic Facilitation in Anterior Temporal Cortex Revealed Through Multimodal Neuroimaging," *The Journal of Neuroscience* 33, no. 43 (October 23, 2013): 17174–81. See also work on ERPs in reading in J. Grainger and P. J. Holcomb, "'Watching the Word Go By': On the Time-course of Component Processes in Visual Word Recognition," *Language and Linguistics Compass* 3, no. 1 (2009): 128–56.
3. **N400 response**: The neuroscientist Marta Kutas has conducted decades of work using a form of imaging called event-related brain potential (ERP) that measures electrical activity in particular regions in milliseconds of time. The N400 is a particular form of electrical activity at around 400 milliseconds that occurs in certain areas of the brain. It is best known in its occurrence when we derive the meanings of words, particularly when they surprise our predictions. Kutas describes the N400 as "an electrical snapshot of the intersection of a feedforward flow of stimulus-driven activity with the . . . dynamically active landscape that is semantic memory." See M. Kutas and K. D. Federmeier, "Thirty Years and Counting: Finding Meaning in the N400 Component of the Event-Related Brain Potential (ERP)," *Annual Review of Psychology* 62 (2011): 621–47.
4. **when we read words**: A. Clark, "Whatever Next? Predictive Brains,

Situated Agents, and the Future of Cognitive Science," *Behavioral and Brain Sciences* 36, no. 3 (June 2013): 181–214.

5. **"proactive" predictions**: See G. R. Kuperberg, "The Proactive Comprehender: What Event-Related Potentials Tell Us About the Dynamics of Reading Comprehension," in *Unraveling Reading Comprehension: Behavioral, Neurobiological, and Genetic Components*, ed. B. Miller, L. E. Cutting, and P. McCardle (Baltimore: Paul Brookes, 2013), 176–92.
6. **"Find a Bible right now"**: F. S. Collins, *The Language of God: A Scientist Presents Evidence for Belief* (New York: Free Press, 2006), 150.
7. **"Despite twenty-five centuries"**: Ibid., 153.
8. **"a quality of attention"**: W. Stafford, "For People with Problems About How to Believe," *The Hudson Review* 35, no. 3 (September 1982): 395.
9. **"at the end there is light"**: J. Steinbeck, *East of Eden* (New York: Viking Books, 1952), 269.
10. **"When we reflect that 'sentence'"**: W. Berry, *Standing by Words* (Berkeley, CA: Counterpoint, 1983), 53.
11. **what we "see"**: P. Mendelsund, *What We See When We Read* (New York: Vintage, 2014).
12. **"Open a book and a voice speaks"**: M. Robinson, "Humanism," in *The Givenness of Things* (New York: Farrar, Straus and Giroux, 2015), 15.
13. ***"For sale: baby shoes, never worn"***: Although there has been some dispute, Hemingway claimed the story to be true, with this shortest story as its result.
14. **"Only connect"**: E. M. Forster, *Howard's End* (London: Edward Arnold, 1910), chap. 22.
15. **"Passing over"**: J. S. Dunne, *Eternal Consciousness* (Notre Dame, IN: University of Notre Dame Press, 2012), 39.
16. **"That 'fruitful miracle'"**: J. S. Dunne, *Love's Mind: An Essay on Contemplative Life* (Notre Dame, IN: University of Notre Dame Press, 1993).
17. **Gish Jen**: Gish Jen attempts to illumine this principle both in her novels such as *World and Town*, in which her pitch-perfect voices of "others" bring them to life, and in her newest nonfiction explorations of the East-West culture gap, in which "other" can have very different meanings in a culture. See, in particular, her novels *World and Town*, *Mona in the Promised Land*, and *Typical American*; her short-story collection *Who's Irish?*; and her nonfiction *Tiger Writing: Art, Culture, and the Interdependent Self* and most recently *The Girl at the Baggage Claim: Explaining the East-West Culture Gap*.
18. **"We read to know"**: Quoted in J. Dunne, *A Vision Quest* (Notre Dame, IN: University of Notre Dame Press, 2006), 70.
19. **"I am not ashamed"**: Niccolò Machiavelli to Francesco Vettori, letter, December 10, 1513, in *Machiavelli and His Friends: Their*

Personal Correspondence, ed. J. Atkinson and D. Sices (Dekalb: Northern Illinois University Press, 1996).
20. **"looking at my fifty friends"**: Quoted in S. Wasserman, "Steve Wasserman on the Fate of Books After the Age of Print," Truthdig, March 5, 2010, https://www.truthdig.com/articles/steve-wasserman-on-the-fate-of-books-after-the-age-of-print/.
21. **"specialist in empathy"**: Interview of former president Barack Obama by Marilynne Robinson. In M. Robinson, *The Givenness of Things* (New York: Farrar, Straus and Giroux, 2015), 289.
22. **"as dangerous a development"**: Ibid.
23. **"It has to do with empathy"**: Ibid., quoted in N. Dames, "The New Fiction of Solitude," *The Atlantic*, April 2016, 94.
24. **"I finally weep"**: L. Berlin, "A Manual for Cleaning Women," in *A Manual for Cleaning Women: Selected Stories* (New York: Picador, 2016), 38.
25. ***Christ Actually***: J. Carroll, *Christ Actually: The Son of God for the Secular Age* (New York: Penguin, 2015).
26. **Dietrich Bonhoeffer**: Translations of Bonhoeffer's works in English have been published by Simon and Schuster and include *Letters and Papers from Prison*; *Ethics*; *Creation and Fall/Temptation*; *The Martyred Christian*; and *The Cost of Discipleship*. The most accessible biography is E. Metaxas, *Bonhoeffer: Pastor, Martyr, Prophet, Spy* (Nashville: Thomas Nelson, 2010). The first and most comprehensive biography is the English translation of Eberhard Bethge's *Dietrich Bonhoeffer: A Biography* (Minneapolis: Fortress Press, 2000).
27. **"Only he who"**: Quoted in Metaxas, *Bonhoeffer*, 37.
28. **Sherry Turkle described a study**: See S. H. Konrath, E. H. O'Brien, and C. Hsing, "Changes in Dispositional Empathy in American College Students over Time: A Meta-analysis," *Personality and Social Psychology Review* 15, no. 2 (May 2011): 180–98.
29. **loss of empathy**: S. Turkle, *Reclaiming Conversation: The Power of Talk in a Digital Age* (New York: Penguin, 2015), 171–72.
30. **Brain-imaging research**: See especially B. C. Bernhardt and T. Singer, "The Neural Basis of Empathy," *Annual Review of Neuroscience* 35 (2012): 1–23. See also work by Bruce Miller and colleagues at UCSF.
31. **some mirror neurons**: See the work by Leonardo Fogassi and his colleagues, e.g., E. Kohler, C. Keysers, M. A. Umiltà, et al., "Hearing Sounds, Understanding Actions: Action Representation in Mirror Neurons," *Science* 297, no. 5582 (August 2002): 846–48; P. F. Ferrari, V. Gallese, G. Rizzolatti, and L. Fogassi, "Mirror Neurons Responding to the Observation of Ingestive and Communicative Mouth Actions in the Monkey Ventral Premotor Cortex," *European Journal of Neuroscience* 17, no. 8 (April 2003): 1703–14.
32. **"Your Brain on Jane Austen"**: N. Phillips, "Neuroscience and the Literary History of Mind: An Interdisciplinary Approach to Attention in Jane Austen," lecture, Carnegie Mellon University, March 4, 2013.

33. **networks in the areas/Emma Bovary's silken skirt**: See the fascinating work by S. Lacey, R. Stilla, and K. Sathian, "Metaphorically Feeling: Comprehending Textural Metaphors Activates Somatosensory Cortex," *Brain and Language* 120, no. 3 (March 2012): 416–21. See also F. Pulvermüller, "Brain Mechanisms Linking Language and Action," *Nature Reviews Neuroscience* 6, no. 7 (July 2005): 576–82; H. M. Chow, R. A. Mar, Y. Xu, et al., "Embodied Comprehension of Stories: Interactions Between Language Regions and Modality-Specific Mechanisms," *Journal of Cognitive Neuroscience* 26, no. 2 (February 2014): 279–95.
34. **the process of taking on**: K. Oatley, "Fiction: Simulation of Social Worlds," *Trends in Cognitive Sciences* 20, no. 8 (August 2016): 618–28.
35. **"moral laboratory"**: F. Hakemulder, *The Moral Laboratory: Experiments Examining the Effects of Reading Literature on Social Perception and Moral Self-Concept* (Amsterdam, Netherlands: John Benjamins Publishing Company, 2000).
36. **"My guess is that"**: J. Smiley, *13 Ways of Looking at the Novel* (New York: Knopf, 2005), 177.
37. **"Who is each one of us"**: I. Calvino, *Six Memos for the Next Millennium* (Cambridge, MA: Harvard University Press, 1988), 124.
38. **reading is cumulative**: A. Manguel, *A History of Reading* (New York: Penguin, 1996).
39. **it may be possible**: See discussion in R. Kurzweil, *The Singularity Is Near: When Humans Transcend Biology* (New York: Viking, 2005).
40. **"When the mind is braced"**: R. W. Emerson, "The American Scholar," in Emerson, *Emerson: Essays and Lectures* (New York: Library of America, 1983 reprint), 59.
41. **"Matthew Effect"**: See K. E. Stanovich, "Matthew Effects in Reading: Some Consequences of Individual Differences in the Acquisition of Literacy," *Reading Research Quarterly* 21, no. 4 (Fall 1986): 360–407.
42. **we run the risk**: See the discussion about the varied ways that information can be used in a digital milieu in B. Stiegler, Goldsmith Lectures, University of London, April 14, 2013.
43. **"It would be a shame"**: E. Tenner, "Searching for Dummies," *New York Times*, March 26, 2006.
44. **"The present situation"**: Remarks by G. Beasley, Conference for Libraries, Alberta, Canada, October 2014.
45. **"Chance comes only"**: L. Pasteur, lecture, University of Lille, France, December 7, 1852.
46. **STEM**: Note: this common acronym refers to science, technology, engineering, and mathematics.
47. **"Computer, did we bring"**: *Wired Staff Magazine* (November 1, 2006) asked various writers to provide their own version of the six-word short story in the tradition of Ernest Hemingway. The science fiction writer Eileen Gunn submitted this one.

48. **"Without concepts there can be no thought"**: D. Hofstadter and E. Sander, *Surfaces and Essences: Analogy as the Fuel and Fire of Thinking* (New York: Basic Books, 2013), 3.
49. **Leonardo Fogassi from Parma**: See, e.g., Kohler et al., "Hearing Sounds, Understanding Actions"; also Ferrari et al., "Mirror Neurons Responding to the Observation of Ingestive and Communicative Mouth Actions in the Monkey Ventral Premotor Cortex."
50. **Mark Greif**: See M. Greif, *Against Everything: Essays* (New York: Pantheon, 2016). Do not be fooled by the title; Greif wants us to examine why we do what we do so that we know what our lives are "for."
51. **"one wild and precious life"**: From Mary Oliver's poem "A Summer Day," Poem 133 in *Poetry 180: A Poem a Day for American High Schools*, hosted by Billy Collins, U.S. Poet Laureate, 2001–2003, http://www.loc.gov/poetry/180/133.html.
52. **Widely distributed networks**: L. Aziz-Zadeh, J. T. Kaplan, and M. Iacoboni, "'Aha!': The Neural Correlates of Verbal Insight Solutions," *Human Brain Mapping* 3, no. 30 (March 2009): 908–16.
53. **one self-generated hypothesis after another**: Ibid.
54. **"What exactly is critical thinking?"**: M. Edmundson, *Why Read?* (New York: Bloomsbury, 2004), 43.
55. **Halbertal's work**: In that moment I suddenly understood Professor Halbertal's remarkable combination of incisive thought and personal gentleness more clearly: it embodies the use of long-honed knowledge in an immediate, critical analysis of new information; a deep respect for other positions; and the expectation of one's own personal conclusions. See in particular M. Halbertal, *People of the Book: Canon, Meaning, and Authority* (Cambridge, MA: Harvard University Press, 1997); M. Halbertal, *Maimonides: Life and Thought* (Princeton, NJ: Princeton University Press, 2014).
56. **young boys rocking, praying, singing**: I know of no better work that describes the extraordinary dimensions involved in singing the Torah than the work by Rabbi Jeffrey Summit, *Singing God's Words: The Performance of Biblical Chant in Contemporary Judaism* (Oxford, UK: Oxford University Press, 2016). The passages "Impact of a Master Reader" and "What are You Doing During the Torah Reading?," 202–06, have been particularly inspiring to me.
57. **No one interpretation was assumed**: I am also indebted to Barry Zuckerman for his discussions about how the very minimalism of lines from the Torah creates a basis for rich interpretation.
58. **"An insight is a fleeting glimpse"**: J. Lehrer, "The Eureka Hunt," *The New Yorker*, July 28, 2008.
59. **"Realization comes in a flash"**: M. P. Lynch, *The Internet of Us: Knowing More and Understanding Less in the Age of Big Data* (New York: Liveright, 2016), 177.
60. ***Stories of God***: R. M. Rilke, *Stories of God*, trans. M. D. H. Norton (New York: W. W. Norton & Company, 1963).

61. **Marilynne Robinson's *Gilead***: M. Robinson, *Gilead* (New York: Farrar, Straus and Giroux, 2007).
62. **"It might be stated"**: A. Dietrich and R. Kanso, "A Review of EEG, ERP, and Neuroimaging Studies of Creativity and Insight," *Psychological Bulletin* 136, no. 5 (September 2010): 822–48.
63. **"holding-ground for the contemplation"**: P. Davis, *Reading and the Reader: The Literary Agenda* (Oxford, UK: Oxford University Press, 2013), 8–9.
64. **"neuronal workspace"**: S. Dehaene, *Reading in the Brain: The New Science of How We Read* (New York: Viking, 2009), 9.
65. **"that invisible generative place"**: From William James. P. Davis, *Reading and the Reader*, 293.
66. **"quarry" of language and thought**: See the use of *quarry* in Emerson, "The American Scholar," 56.

第四封信 与未来的读者连线

1. **"What will become"**: V. Klinkenborg, "Some Thoughts About E-Reading," *New York Times*, April 14, 2010.
2. **"In common things"**: W. Wordsworth, "A Poet's Epitaph," Wikisource, from *Lyrical Ballads*, vol 2.
3. **"As the devotion of a life"**: J. S. Dunne, *Love's Mind: An Essay on Contemplative Life* (Notre Dame, IN: University of Notre Dame Press, 1993), 3.
4. **Sylvia Judson**: S. S. Judson, *The Quiet Eye: A Way of Looking at Pictures* (Washington, DC: Regnery, 1982).
5. **"quality of attention"**: W. Stafford, "For People with Problems About How to Believe," *The Hudson Review* 35, no. 3 (September 1982): 395.
6. **Judith Shulevitz suggests**: J. Shulevitz, *The Sabbath World: Glimpses of a Different Order of Time* (New York: Random House, 2010).
7. **Frank Schirrmacher**: Frank Schirrmacher, personal correspondence, August 2009.
8. ***novelty bias***: A term used by Daniel Levitin in *The Organized Mind: Thinking Straight in the Age of Information Overload* (New York: Dutton, 2014).
9. **A recent study by Time Inc.**: See the discussion of various studies including that by Common Sense Media in N. Baron, *Words Onscreen: The Fate of Reading in a Digital World* (Oxford, UK: Oxford University Press, 2014), in particular 143–44.
10. **Katherine Hayles characterized**: N. K. Hayles, "Hyper and Deep Attention: The Generational Divide in Cognitive Modes," *Profession* 13 (2007): 187–99.
11. **low-level threshold of boredom**: See the discussion in C. Steiner-Adair, *The Big Disconnect: Protecting Childhood and Family Rela-*

tionships in the Digital Age (New York: HarperCollins, 2013). See also Baron, *Words Onscreen*, 221.

12. ***continuous partial attention***: See L. Stone, "Beyond Simple Multi-tasking: Continuous Partial Attention," November 30, 2009, https://lindastone.net/2009/11/30/beyond-simple-multi-tasking-continuous-partial-attention/.
13. **attentional "deficits" pertain to us all**: See the discussion of Hallowell in Steiner-Adair, *The Big Disconnect*.
14. **we inhabit a world of distraction**: See the treatment of these issues in D. L. Ulin, *The Lost Art of Reading: Why Books Matter in a Distracted Time* (Seattle, WA: Sasquatch Books, 2010). See also M. Jackson, *Distracted: The Erosion of Attention and the Coming Dark Age* (Amherst, NY: Prometheus Books, 2008).
15. **Global Information Industry Center**: See the discussion of the study and the quote by R. Bohn in Ulin, *The Lost Art of Reading*, 81.
16. **"I think one thing is clear"**: Ibid.
17. **A few years later**: The director and esteemed poet Dana Gioia commissioned several reports with differing results; see, e.g., *Reading at Risk*, 2004, and *Reading on the Rise*, 2008. As of 2012, the NEA figures indicated that 58 percent of US adults had engaged in some form of literary activity, such as reading a book, over the previous year.
18. **worry that the novel**: See J. Smiley, *13 Ways of Looking at the Novel* (New York: Knopf, 2005), 177.
19. **"pursue a present"**: W. Benjamin, *Illuminations: Essays and Reflections* (New York: Schocken Books, 1968). Quoted in J. Dunne, *Love's Mind: An Essay on Contemplative Life*, 14.
20. **"a distraction, a diversion"**: Quoted in Ulin, *The Lost Art of Reading*, 62.
21. **"Swimming in entertainment"**: M. Edmundson, *Why Read?* (New York: Bloomsbury, 2004), 16.
22. **Recall the imaging study**: N. Phillips, "Neuroscience and the Literary History of Mind: An Interdisciplinary Approach to Attention in Jane Austen," lecture, Carnegie Mellon University, March 4, 2013.
23. **"masquerading as being in the know"**: Ulin, *The Lost Art of Reading*, 34.
24. **"To be a moral human being"**: M. Popova, "Susan Sontag on Storytelling, What It Means to Be a Moral Human Being, and Her Advice to Writers," *Brain Pickings*, March 30, 2015.
25. **"skimming" is the new normal**: Z. Liu, "Reading Behavior in the Digital Environment: Changes in Reading Behavior over the Past Ten Years," *Journal of Documentation* 61, no. 6 (2005): 700–12. Z. Liu, "Digital Reading," *Chinese Journal of Library and Information Science* 5, no. 1 (2012): 85–94.
26. **Naomi Baron's excellent meta-analysis**: Baron, *Words Onscreen*, 201.
27. **readers' grasp of the sequence**: See the review of these findings in

M. Wolf, *Tales of Literacy for the 21st Century* (Oxford, UK: Oxford University Press, 2016).

28. **Anne Mangen**: See overview in the following: A. Mangen and A. van der Weel, "Why Don't We Read Hypertext Novels?," *Convergence: The International Journal of Research into New Media Technologies* 23, no. 2 (May 2015): 166–81; also A. Mangen and A. van der Weel, "The Evolution of Reading in the Age of Digitisation: An Integrative Framework for Reading Research," *Literacy* 50, no. 3 (September 2016): 116–24.
29. **no significant medium-based differences**: See the varied results in literature that leave the question open, e.g., J. E. Moyer, "'Teens Today Don't Read Books Anymore': A Study of Differences in Comprehension and Interest Across Formats" (PhD diss., University of Minnesota, 2011); see also S. Eden and Y. Eshet-Alkalai, "The Effect of Format on Performance: Editing Text in Print Versus Digital Formats," *British Journal of Educational Technology* 44, no. 5 (September 2013), 846–56; R. Ackerman and M. Goldsmith, "Metacognitive Regulation of Text Learning: On Screen Versus on Paper," *Journal of Experimental Psychology: Applied* 17, no. 1 (March 2011): 18–32.
30. **Andrew Piper and David Ulin argue**: Ulin, in *The Lost Art of Reading*, quotes a provocative passage from Lewis Lapham about the effects of digital culture on sequential thought: "Sequence becomes merely additive instead of causative—the images bereft of memory, speaking to their own reflections in a vocabulary better suited to the sale of a product than to the articulation of a thought" (p. 65).
31. ***technology of recurrence***: See discussion in A. Piper, *Book Was There: Reading in Electronic Times* (Chicago: University of Chicago Press, 2012), 54.
32. **"Sadly, we often atomize"**: J. E. Huth, "Losing Our Way in the World," *New York Times Sunday Review*, July 20, 2013.
33. **Karin Littau**: See her extensive discussion of touch in *Theories of Reading: Books, Bodies, and Bibliomania* (Cambridge, UK: Polity Press, 2006).
34. **Nicholas Carr reminds us**: N. Carr, *The Shallows: What the Internet Is Doing to Our Brains* (New York: W. W. Norton & Company, 2010).
35. **George Miller**: See the discussion of changes in working memory in Levitin, *The Organized Mind*.
36. **"4 plus or minus 1"**: Ibid.
37. **five minutes may seem**: See the discussion of changes in attention span in Baron, *Words Onscreen*, 122.
38. **diminished by more than 50 percent**: Levitin, *The Organized Mind*.
39. **"For the prose writer: success consists in"**: I. Calvino, *Six Memos for the Next Millennium* (Cambridge, MA: Harvard University Press, 1988), 48.

40. **"When I read a manuscript"**: K. Temple, "Out of the Office: The Science of Print," *Notre Dame Magazine*, December 2, 2015.
41. **we "accidentally" abandon**: D. Brooks, "When Beauty Strikes," *New York Times*, January 15, 2016.
42. **"father forth"**: From the beautiful line in Gerard Manley Hopkins's poem "Pied Beauty," "He fathers forth whose beauty is past change: Praise Him." In Hopkins, *Poems and Prose of Gerard Manley Hopkins* (Baltimore: Penguin, 1933), 31.
43. **"strategy of emphasis"**: M. Robinson, *The Givenness of Things: Essays* (New York: Farrar, Straus and Giroux, 2015), 111.
44. **"In an age when other"**: Calvino, *Six Memos for the Next Millennium*, 45.
45. **cerebrodiversity**: This term, sometimes called *neurodiversity*, was used by the neuroscientist Gordon Sherman to describe how in evolution a species needs different organizations of the brain to survive. Thus in the study of dyslexia, it is important to note that this different organization of the brain *preceded* the invention of reading and was maintained genetically because of the particular skills advantaged by the dyslexic brain. See my more elaborated discussion of these issues in chaps. 7 and 8 in *Proust and the Squid: The Story and Science of the Reading Brain* (New York: HarperCollins, 2007).
46. **Toni Morrison**: T. Morrison, *The Origin of Others* (Cambridge, MA: Harvard University Press, 2017).
47. **Aurelio Maria Mottola**: Dr. Mottola directs the Vita e Pensiero publishing house in Milan, Italy, which publishes and translates some of the most important works in the humanities and social sciences for the Italian readership.
48. **School Sisters of Notre Dame**: This order of nuns has special significance to many neuroscientists and to those working in global education. In neuroscience research, the elderly nuns of the SSND contributed to a large research project on Alzheimer's disease and its progression, by providing both their journals that they had written over time and their brains for postmortem study. The quality of the writing in the journals yielded important clues about the onset of Alzheimer's. In addition, the SSND has been involved as teachers for many years in some of the most challenging educational environments in Africa, particularly in Liberia. See an amazing account in Sr. Mary Leonora Tucker, *I Hold Your Foot: The Story of My Enduring Bond with Liberia* (Lulu Publishing Services, 2015). See also the last chapter in Wolf, *Tales of Literacy*.
49. **"Everything proceeds in geometric progression"**: A. Manguel, *A History of Reading* (New York: Penguin, 1996).
50. **During my graduate courses**: As a graduate student, I studied linguistics, particularly the development of language, with Carol Chomsky at Harvard University and participated in seminars on language and political thought with Noam Chomsky and his colleagues at MIT.

51. **written language not only reflects**: L. Vygotsky, *Thought and Language* (Cambridge, MA: MIT Press, 1986).
52. **"How was it"**: G. Eliot, *Middlemarch* (New York: Penguin Classics, 1998), 51.
53. ***readability formulae***: Jeanne Chall conducted some of the most important reading research in the twentieth century; see particularly her books *Learning to Read: The Great Debate* (New York: McGraw-Hill, 1967), which analyzed the largest corpus of available data of different reading methods and concluded that code-based or phonics methods were better for most children, and *Stages of Reading Development* (New York: McGraw-Hill, 1983). Her earlier work on readability formulae was conducted to help children receive the most age-appropriate materials to read.
54. **"grit"**: A. Duckworth, *Grit: The Power of Passion and Perseverance* (New York: Simon and Schuster, 2016).
55. **"As one master"**: J. Howard, "Internet of Stings," *Times Literary Supplement*, November 30, 2016, 4.
56. **"If men learn this"**: Plato, *Phaedrus* (Princeton, NJ: Princeton University Press, 1961), 274.
57. **our intellectual evolution**: W. Ong, *Orality and Literacy: The Technologizing of the Word*, 2nd ed. (New York: Routledge, 2002).
58. **It remains for me a pitiful tale**: I might never have decided to describe this story had it not been for two probing interviews: one with Michael Rosenwald of the *Washington Post* (see his article "Serious Reading Takes a Hit from Online Scanning and Skimming, Researchers Say," April 6, 2014), the other with Maria Konnikova at *The New Yorker* (see "Being a Better Online Reader," July 16, 2014). Rosenwald wrote that his story elicited so much reaction from readers that the *Post* decided to analyze exactly how many online readers had finished it: approximately 30 percent!
59. **"acquired the status"**: Calvino, *Six Memos for the Next Millennium*, 37.
60. ***Magister Ludi***: Hesse wrote *Magister Ludi*, or the *Glass Bead Game*, in German (*Das Glasperlenspiel*) over the course of many years. It was rejected for publication in Germany because of its anti-Fascist views and finally published in Switzerland in 1943. Set in a post-apocalyptic twenty-third century, the novel follows the life of Josef Knecht, who becomes an elite secular monk in an order committed to preserving the knowledge of the major disciplines through an extraordinarily complex game: the glass bead game.
61. **I was Ionesco's rhinoceros, too**: One of the more haunting plays in the Theater of the Absurd, *Rhinoceros* by Eugène Ionesco (1959), depicts how a group of people change their view of a rhinoceros from grotesque to beautiful, the more rhinoceri there are and the more they come to dominate their lives. It is a cautionary tale like few others about how human beings are influenced.

62. **"the former had more velocity"**: A. Fadiman, ed., *Rereadings: Seventeen Writers Revisit Books They Love* (New York: Farrar, Straus and Giroux, 2005).
63. **Naomi Baron predicted**: Baron, *Words Onscreen.*
64. **In Ong's terms**: Ong, *Orality and Literacy.*
65. **"Like pleated fabric"**: A. Goodman, "Pemberley Previsited," in *Rereadings*, A. Fadiman, ed., 164.
66. **"go very far"**: Federico García Lorca, *The Selected Poems of Federico García Lorca* (New York: New Directions, 1955), quoted in Dunne, *Love's Mind*, 82.
67. **"Among the many worlds"**: H. Hesse, *My Belief: Essays on Life and Art* (New York: Farrar, Straus and Giroux, 1974).

第五封信 数字时代的育儿指南

1. **"*Children are a sign*"**: Pope Francis, homily, Manger Square, Bethlehem, May 25, 2014, https://w2.vatican.va/content/francesco/en/homilies/2014/documents/papa-francesco_20140525_terra-santa-omelia-bethlehem.html.
2. **"Every medium has its strengths"**: P. M. Greenfield, "Technology and Informal Education: What Is Taught, What Is Learned," *Science* 323, no. 5910 (Jan. 2, 2009): 71.
3. **"Mine own, and not mine own"**: W. Shakespeare, *A Midsummer Night's Dream.*
4. **the more exposure to**: "Repeated use of a particular media form will help to internalize the medium-specific representational skills that it uses." See K. Subrahmanyam, M. Michikyan, C. Clemmons, et al., "Learning from Paper, Learning from Screens: Impact of Screen Reading and Multitasking Conditions on Reading and Writing Among College Students," *International Journal of Cyber Behavior, Psychology and Learning* 3, no. 4 (October–December 2013): 1–27.
5. **In a 2015 RAND report**: See L. Guernsey and M. H. Levine, *Tap, Click, Read: Growing Readers in a World of Screens* (San Francisco Jossey-Bass, 2015), 184.
6. **"grasshopper mind"**: M. Weigel and H. Gardner, "The Best of Both Literacies," *Educational Leadership* 66, no. 6 (March 2009): 38–41.
7. **"hop from point to point"**: Ibid.
8. **"Humans will work"**: D. Levitin, *The Organized Mind: Thinking Straight in the Age of Information Overload* (New York: Dutton, 2014), 170.
9. **"multitasking creates"**: Ibid., 96.
10. **the most commonly heard complaint**: C. Steiner-Adair, *The Big Disconnect: Protecting Childhood and Family Relationships in the Digital Age* (New York: HarperCollins, 2013).

11. **"dream bird that hatches"**: Quoted in J. S. Dunne, *Love's Mind: An Essay on Contemplative Life* (Notre Dame, IN: University of Notre Dame Press, 1993), 16.
12. **"If they become addicted"**: Steiner-Adair, *The Big Disconnect*, 54.
13. **the child's motor cortex enhances**: L. Fogassi, panel discussion, The Reading Brain in a Digital Culture, Spoleto, Italy, July 7, 2016.
14. **"Talk of addiction is not hyperbole"**: Steiner-Adair, *The Big Disconnect*, 6.
15. ***The Chalk Artist***: A. Goodman, *The Chalk Artist* (New York: Dial Press, 2017).
16. **generation of distracted children**: Andrew Piper said something similar in *Book Was There: Reading in Electronic Times* (Chicago: University of Chicago Press, 2012), 46.
17. **Russell Poldrack and his team**: Poldrack has conducted multiple, highly influential articles on the negative effects of multitasking. See, e.g., K. Foerde, B. J. Knowlton, and R. A. Poldrack, "Modulation of Competing Memory Systems by Distraction," *PNAS* 103, no. 31 (Aug. 1, 2006): 11778–83. Newer work, however, shows some important differences for digitally raised youth who are trained in particular tasks. See K. Jimura, F. Cazalis, E. R. Stover, and R. A. Poldrack, "The Neural Basis of Task Switching Changes with Skill Acquisition," *Frontiers in Human Neuroscience* 8 (May 22, 2014): 339, 1–9.
18. **inability of most humans to switch**: Jimura et al., "Neural Basis of Task Switching Changes with Skill Acquisition," 1–9.
19. **"Our working memory"**: M. Jackson, *Distracted: The Erosion of Attention and the Coming Dark Age* (Amherst, NY: Prometheus Books, 2008), 90.
20. **Maria de Jong and Adriana Bus**: See M. T. de Jong and A. G. Bus, "Quality of Book-Reading Matters for Emergent Readers: An Experiment with the Same Book in a Regular or Electronic Format," *Journal of Educational Psychology* 94, no. 1 (2002): 145–55.
21. **Joan Ganz Cooney Center and the MacArthur Foundation**: See in particular Guernsey and Levine, *Tap, Click, Read*; L. M. Takeuchi and S. Vaala, *Level Up Learning: A National Survey on Teaching with Digital Games* (New York: Joan Ganz Cooney Center at Sesame Workshop, 2014). See also MacArthur Foundation Reports on Digital Media and Learning: e.g., J. P. Gee, *New Digital Media and Learning as an Emerging Area and "Worked Examples" as One Way Forward* (Cambridge, MA: MIT Press, 2009); M. Ito, H. A. Horst, M. Bittanti, et al., *Living and Learning with New Media: Summary of Findings from the Digital Youth Project* (Cambridge, MA: MIT Press, 2009); C. James, *Young People, Ethics, and the New Digital Media: A Synthesis from the GoodPlay Project* (Cambridge, MA: MIT Press, 2009); J. Kahne, E. Middaugh, and C. Evans, *The Civic Potential of Video Games* (Cambridge, MA: MIT Press, 2009).

22. **Kathy Hirsh-Pasek and Roberta Golinkoff**: J. Parish-Morris, N. Mahajan, K. Hirsh-Pasek, et al., "Once upon a Time: Parent-Child Dialogue and Storybook Reading in the Electronic Era," *Mind, Brain, and Education* 7, no. 3 (September 2013): 200–11. K. McNab and R. Fielding-Barnsley, "Digital Texts, iPads, and Families: An Examination of Families' Shared Reading Behaviours," *International Journal of Learning: Annual Review* 20 (2013), 53–62; Takeuchi and Vaala, *Level Up Learning*; Guernsey and Levine, *Tap, Click, Read*, 18.
23. **"The highly enhanced e-book"**: Guernsey and Levine, *Tap, Click, Read*, 184.
24. **She argues that our cultural inventions**: See A. Winter, *Memory: Fragments of a Modern History* (Chicago: University of Chicago Press, 2012); also see my review of the book: M. Wolf, "Memory's Wraith," *The American Interest* 9, no. 1 (Aug. 11, 2013): 85–89.
25. **"While narratives are"**: S. Greenfield, *Mind Change: How Digital Technologies Are Leaving Their Mark on Our Brains* (New York: Random House, 2015), 243.
26. **"arrive in the brain"**: Ibid., 46–47.
27. **when there is too much information overload**: See discussion in Jackson, *Distracted*, esp. 79–80.
28. **Katherine Hayles sharpens**: N. K. Hayles, "Hyper and Deep Attention: The Generational Divide in Cognitive Modes," *Profession* 13 (2007): 187–99.
29. **"habituating us to ever faster"**: E. Hoffman, *Time* (New York: Picador, 2009), 12.
30. **"I worry that the level"**: Quoted in Greenfield, *Mind Change*, 26.
31. **"Imagine in the future"**: Ibid., 206.
32. **Ray Kurzweil**: R. Kurzweil, *The Singularity Is Near: When Humans Transcend Biology* (New York: Viking, 2005). See particularly the discussion at 4, 128.
33. **Tristan Harris**: "Your Phone Is Trying to Control Your Life," interview with Tristan Harris, *PBS NewsHour*, January 30, 2017. See also B. Bosker, "The Binge Breaker," *The Atlantic*, November 2016.
34. **Josh Elman**: Bosker, "The Binge Breaker."
35. **"Never before in history"**: See discussion in Bosker, "The Binge Breaker."
36. **would agree with this responsibility**: As discussed in Bosker, "The Binge Breaker," Larry Page, the CEO of Google, discussed Harris's concepts of how Google could better address those criticisms. Later Harris worked specifically on the incorporation of "ethical design" at Google, before leaving to found his Time Well Spent initiative. In 2015, Google changed its guiding principle to "Do the Right Thing," NBC News, Tech News, Jan. 19, 2018.
37. **You and I can hold**: The original quote comes from "The Crack-Up" (1936): "The test of a first-rate intelligence is the ability to hold

two opposed ideas in the mind at the same time, and still retain the ability to function." F. Scott Fitzgerald, "The Crack-Up," *Esquire*, March 7, 2017, http://www.esquire.com/lifestyle/a4310/the-crack-up/.

38. **work being conducted**: See Guernsey and Levine, *Tap, Click, Read*, and Baron, *Words Onscreen*. For work by the European based E-READ network, see M. Barzillai, J. Thomson, and A. Mangen, "The Influence of E-books on Language and Literacy Development," in *Education and New Techologies: Perils and Promises for Learners*, ed. K. Sheehy and A. Holliman (London: Routledge, forthcoming).
39. **"build the habits of mind"**: Guernsey and Levine, *Tap, Click, Read*, 40.

第六封信 从亲子阅读到自主阅读——孩子你慢慢来！

1. **"Is the real barrier"**: L. Guernsey and M. H. Levine, *Tap, Click, Read: Growing Readers in a World of Screens* (San Francisco: Jossey-Bass, 2015), 8–9.
2. **"Books and screens"**: A. Piper, *Book Was There: Reading in Electronic Times* (Chicago: University of Chicago Press, 2012), ix.
3. **"room where it happens"**: A well-deserved nod to the Broadway musical *Hamilton*.
4. **"crook of an arm"**: M. Wolf, *Proust and the Squid: The Story and Science of the Reading Brain* (New York: HarperCollins, 2007), 81. See chap. 4 for a much more expansive discussion.
5. **comfortable adaptation of fMRI**: See S. Dehaene, *Consciousness and the Brain: Deciphering How the Brain Decodes Our Thoughts* (New York: Penguin, 2009).
6. **"The crucial condition"**: C. Taylor, *The Language Animal: The Full Shape of the Human Linguistic Capacity* (Cambridge, MA: Harvard University Press, 2016), 177.
7. **New brain-imaging research**: See J. Hutton, "Stories and Synapses: Home Reading Environment and Brain Function Supporting Emergent Literacy," presentation to the Reach Out and Read Conference, Boston, May 2016. See also T. Horowitz-Kraus, R. Schmitz, J. S. Hutton, and J. Schumacher, "How to Create a Successful Reader? Milestones in Reading Development from Birth to Adolescence," *Acta Paediatrica* 106, no. 4 (April 2017).
8. **"All shall be well"**: See Reverend Mother Julia Gatta's moving descriptions of Julian of Norwich in *The Pastoral Art of the English Mystics* (originally published as *Three Spiritual Directors for Our Time* [Cambridge, MA: Cowley Publishers, 1987]).
9. **"The digital page"**: A. Piper, *Book Was There: Reading in Electronic Times* (Chicago: University of Chicago Press, 2012), 54.
10. **Common Sense Media**: See *Children, Teens, and Reading: A Common*

Sense Media Research Brief, May 12, 2014, https://www.commonsensemedia.org/research/children-teens-and-reading. Also reported in C. Alter, "Study: The Number of Teens Reading for Fun Keeps Declining," *Time*, May 2, 2014.

11. **dip in parent-child reading**: Despite these important initiatives and despite the fact that over 80 percent of even slightly older children (between six and eight years of age) wish their parents would still read to them, there has been a decline in this simple, invaluable contribution to the child's formation of reading and a simultaneous increase in children's digital time. http://www.bringmeabook.org.
12. **one of the single most important**: Beginning in the 1970s with landmark studies by Carol Chomsky and Charles Read (see discussion in Wolf, *Proust and the Squid*) and continuing to the present with work by Catherine Snow and her colleagues, this simple intervention by parents has remained one of the best predictors of how well children will read later in life.
13. **Reach Out and Read**: See http://www.reachoutandread.org.
14. **Born to Read**: See http://www.borntoread.org.
15. **Bring Me a Book**: See http://www.bringmeabook.org.
16. **physical books—not apps or e-books**: There is a burgeoning research base on this topic for parents. See N. Kucirkova and B. Zuckerman, "A Guiding Framework for Considering Touchscreens in Children Under Two," *International Journal of Child-Computer Interaction* 12, issue C (April 2017): 46–49; N. Kucirkova and K. Littleton, *The Digital Reading Habits of Children* (London: Book Trust, 2016); J. S. Radesky, C. Kistin, S. Eisenberg, et al., "Parent Perspectives on Their Mobile Technology Use: The Excitement and Exhaustion of Parenting While Connected," *Journal of Developmental & Behavioral Pediatrics* 37, no. 9 (November–December 2016): 694–701; J. S. Radesky, J. Schumacher, and B. Zuckerman, "Mobile and Interactive Media Use by Young Children: The Good, the Bad, and the Unknown," *Pediatrics* 135, no. 1 (January 2015): 1–3; C. Lerner and R. Barr, "Screen Sense: Setting the Record Straight: Research-Based Guidelines for Screen Use for Children Under 3 Years Old," *Zero to Three*, May 2, 2014, https://www.zerotothree.org/resources/1200-screen-sense-full-white-paper. See also an earlier study: R. Needlman, L. E. Fried, D. S. Morley, et al., "Clinic-Based Intervention to Promote Literacy: A Pilot Study," *The American Journal of Diseases of Children* 145, no. 8 (August 1991): 881–84.
17. **limited contact with digital devices**: See the corpus of work by Kathy Hirsh-Pasek and Roberta Golinkoff, e.g., R. M. Golinkoff, K. Hirsh-Pasek, and D. Eyer, *Einstein Never Used Flash Cards: How Our Children Really Learn—and Why They Need to Play More and Memorize Less* (Emmaus, PA: Rodale Books, 2003), and new work cited in the last letter.

18. **"God made Man"**: E. Wiesel, *The Gates of the Forest* (New York: Schocken, 1996), Preface.
19. **the radius of children's activity**: S. Greenfield, *Mind Change: How Digital Technologies Are Leaving Their Mark on Our Brains* (New York: Random House, 2015), 19.
20. **"practice reacting"**: J. Gottschall, *The Storytelling Animal: How Stories Make Us Human* (Boston: Houghton Mifflin Harcourt, 2012), 67.
21. **Such a thought**: S. Pinker, *How The Mind Works* (New York: W. W. Norton & Company, 1997).
22. **"compassionate imagination"**: M. C. Nussbaum, *Cultivating Humanity: A Classical Defense of Reform in Liberal Education* (Cambridge, MA: Harvard University Press, 1997), 92.
23. **Here begins the moral laboratory**: F. Hakemulder, *The Moral Laboratory: Experiments Examining the Effects of Reading Literature on Social Perception and Moral Self-Concept* (Amsterdam, Netherlands: John Benjamins Publishing Company, 2000).
24. **Jean Berko Gleason**: Known best for her whimsical ways of eliciting morphological knowledge in children through the "Wug" test, Gleason was one of the seminal influences on twentieth-century developmental psycholinguistics. See the ninth edition of her book *The Development of Language* (New York: Pearson, 2016) with coeditor Nan Ratner Bernstein, which brings together research in this area over two decades.
25. **older research by British experts**: An older direction of research demonstrated that the rhymes of Mother Goose are one of the best preparations for focusing a child's attention on the phonemes of words. See L. Bradley and P. E. Bryant, "Categorizing Sounds and Learning to Read—A Causal Connection," *Nature* 301 (February 3, 1983): 419–21; L. Bradley and P. Bryant, *Rhyme and Reason in Spelling* (Ann Arbor: University of Michigan Press, 1985); P. Bryant, M. MacLean, and L. Bradley, "Rhyme, Language, and Children's Reading," *Applied Psycholinguistics* 11, no. 3 (September 1990): 237–52.
26. **the rhythm in music**: Cathy Moritz, Aniruddh Patel, Ola Ozernov-Palchik, and other members of my center have been conducting studies of music's relationship to reading, particularly the relationship between rhythm in music and phoneme awareness. Moritz and our group found that daily music training in kindergarten predicts better reading achievement at the end of first grade, a finding that flies in the face of the cuts in music programs around the country. Ola Ozernov-Palchik and Ani Patel are conducting more in-depth studies of the relationship between music and reading, so as to use this knowledge as the basis of prediction and intervention. See C. Moritz, S. Yampolsky, G. Papadelis, et al., "Links Between Early Rhythm Skills, Musical Training, and Phonological Awareness," *Reading and Writing* 26, no. 5 (May 2013): 739–69.

27. **well over a million**: See a selected list in Guernsey and Levine, *Tap, Click, Read*.
28. **parents always think about**: Ibid.
29. **when parents read stories on e-books**: A. R. Lauricella, R. Barr, and S. L. Calvert, "Parent-Child Interactions During Traditional and Computer Storybook Reading for Children's Comprehension: Implications for Electronic Storybook Design," *International Journal of Child-Computer Interaction* 2, no. 1 (January 2014): 17–25; S. E. Mol and A. G. Bus, "To Read or Not to Read: A Meta-analysis of Print Exposure from Infancy to Early Adulthood," *Psychological Bulletin* 137, no. 2 (March 2011): 267–96; S. E. Mol, A. G. Bus, M. T. de Jong, and D. J. H. Smeets, "Added Value of Dialogic Parent-Child Book Readings: A Meta-analysis," *Early Education and Development* 19 (2008): 7–26; O. Segal-Drori, O. Korat, A. Shamir, and P. S. Klein, "Reading Electronic and Printed Books with and without Adult Instruction," *Reading and Writing: An Interdisciplinary Journal* 23, no. 8 (September 2010): 913–30. See also M. Barzillai, J. Thomson, and A. Mangen, "The Influence of E-books on Language and Literacy Development," in *Education and New Techologies: Perils and Promises for Learners*, ed. K. Sheehy and A. Holliman (London: Routledge, forthcoming).
30. **negative influence of interactive digital books**: A. G. Bus, Z. K. Takacs, and C. A. T. Kegel, "Affordances and Limitations of Electronic Storybooks for Young Children's Emergent Literacy," *Developmental Review* 35 (March 2015): 79–97.
31. **parents can use the interactive nature**: See a fuller description in M. Wolf, S. Gottwald, C. Breazeal, et al., "'I Hold Your Foot': Lessons from the Reading Brain for Addressing the Challenge of Global Literacy," in *Children and Sustainable Development*, ed. A. Battro, P. Léna, M. Sánchez Sorondo, and J. von Braun (Cham, Switzerland: Springer Verlag, 2017). See also A. Chang's PhD dissertation, MIT Media Lab, 2011; C. Breazeal, "TinkRBook: Shared Reading Interfaces for Storytelling," IDC, June 20, 2011.
32. **the role that the human-technology interface**: See, e.g., M. A. Hearst, "'Natural' Search User Interfaces," *Communications of the ACM* 54, no. 11 (November 2011): 60–67; M. Hearst, "Can Natural Language Processing Become Natural Language Coaching?," keynote presentation, ACL, Beijing, July 2015.
33. **Carola and Marcelo Suárez-Orozco**: These UCLA researchers have contributed an extraordinary corpus of scholarly work on immigrant children, including on the cognitive flexibility in dual-language learners; see, e.g., C. Suárez-Orozco, M. M. Abo-Zena, and A. K. Marks, eds., *Transitions: The Development of the Children of Immigrants* (New York: New York University Press, 2015). See also E. Bialystok and M. Viswanathan, "Components of Executive Control with Advantages for Bilingual Children in Two Cultures,"

Cognition 112, no. 3 (September 2009): 494–500; K. Hakuta and R. M. Diaz, "The Relationship Between Degree of Bilingualism and Cognitive Ability: A Critical Discussion and Some New Longitudial Data," *Children's Language* 5 (1985): 319–44; W. E. Lambert, "Cognitive and Socio-Cultural Consequences of Bilingualism," *Canadian Modern Language Review* 34, no. 3 (February 1978): 537–47; O. O. Adesope, T. Lavin, T. Thompson, and C. Ungerleider, "A Systematic Review and Meta-analysis of the Cognitive Correlates of Bilingualism," *Review of Educational Research* 80, no. 2 (2010): 207–45.

34. **our country's immigrant children**: M.-J. A. J. Verhallen, A. G. Bus, and M. T. de Jong, "The Promise of Multimedia Stories for Kindergarten Children at Risk," *Journal of Educational Psychology* 98, no. 2 (May 2006): 410–19.

第七封信 阅读：教与学的科学和艺术

1. **There is nothing**: S. Deheane, *Reading in the Brain: The New Science of How We Read* (New York: Penguin, 2009), 326.
2. **And what do we learn**: M. Dirda, *Book by Book* (New York: Henry Holt, 2007), 70.
3. **"children who learn"**: W. James, quoted in M. Wolf, "'As Birds Fly': Fluency in Children's Reading" (New York: Scholastic Publishing, 2001).
4. **at four he was**: B. Collins, "On Turning Ten," in *The Art of Drowning* (Pittsburgh: University of Pittsburgh Press, 1995), 48.
5. **Every national and international index**: See the sobering results of US children when compared to children around the world in Programme for International Student Assessment (PISA), http://www.oecd.org/pisa; and Amanda Ripley's discussion of PISA comparisons in *The Smartest Kids in the World: And How They Got That Way* (New York: Simon and Schuster, 2013). See also M. Seidenberg, *Language at the Speed of Sight: How We Read, Why So Many Can't, and What Can Be Done About It* (New York: Basic Books, 2017). See also the results of the 2003 National Assessment of Adult Literacy, which found that 93 million people in the United States read at basic or below basic levels.
6. **"proficient" level:** See the similarly sobering results from NAEP at http://www.nationsreportcard.gov, where more than half of the children scored at or below basic levels at each testing; also discussed at length in Seidenberg, *Language at the Speed of Sight*. See also "Children, Teens, and Reading: A Common Sense Research Brief," May 12, 2014, https://www.commonsensemedia.org/research/children-teens-and-reading. Also reported in C. Alter, "Study: The Number of Teens Reading for Fun Keeps Declining," *Time*, May 12, 2014.

7. **the relationship between**: See C. Coletti, *Blueprint for a Literate Nation: How You Can Help* (Xlibris, 2013).
8. **"Large, undereducated swaths"**: Cited in Council on Foreign Relations, *U.S. Education Reform and National Security* (New York: Council on Foreign Relations, 2012); see also Seidenberg, *Language at the Speed of Sight*.
9. **children in underprivileged families**: B. Hart and T. R. Risley, "The Early Catastrophe: The 30 Million Word Gap," *American Educator* 27, no. 1 (Spring 2003): 4–9; B. Hart and T. R. Risley, *Meaningful Differences in the Everyday Experience of Young American Children* (Baltimore: Brookes Publishing, 1995).
10. **James Heckman**: J. J. Heckman, *Giving Kids a Fair Chance (A Strategy That Works)* (Cambridge, MA: MIT Press, 2013). See also a fascinating description of Heckman's results and related research in a documentary film produced by Christine Herbes-Sommers, *The Raising of America*, 2016.
11. **more comprehensive early-childhood programs**: See J. P. Shonkoff and D. A. Phillips, eds., *From Neurons to Neighborhoods: The Science of Early Childhood Development* (Washington, DC: National Academy Press, 2000); D. Stipek, "Benefits of Preschool Are Clearly Documented," *Mercury News*, August 6, 2013; D. Stipek, "No Child Left Behind Comes to Preschool," *The Elementary School Journal* 106, no. 5 (May 2006): 455–66.
12. **rejects the term *gap***: See discussion in L. Guernsey and M. H. Levine, *Tap, Click, Read: Growing Readers in a World of Screens* (San Francisco: Jossey-Bass, 2015), 25.
13. **of the largest reading prediction studies**: O. Ozernov-Palchik, E. S. Norton, G. Sideridis, M. Wolf, N. Gaab, J. Gabrieli, et al. (2016), "Longitudinal Stability of Pre-reading Skill Profiles of Kindergarten Children: Implications for Early Screening and Theories of Reading," *Developmental Science* 20, no. 5 (September 2017): 1–18. See also O. Ozernov-Palchik and N. Gaab, "Tackling the 'Dyslexia Paradox': Reading Brain and Behavior for Early Markers of Developmental Dyslexia," *WIREs Cognitive Science* 7, no. 2 (March–April 2016): 156–76; Z. M. Saygin, E. S. Norton, D. E. Osher, et al., "Tracking the Roots of Reading Ability: White Matter Volume and Integrity Correlate with Phonological Awareness in Prereading and Early-Reading Kindergarten Children," *The Journal of Neuroscience* 33, no. 33 (Aug. 14, 2013): 13251–58.
14. **gives children with dyslexia**: See chaps. 7 and 8 in my book *Proust and the Squid: The Story and Science of the Reading Brain* (New York: HarperCollins, 2007) for an overview of dyslexia, with emphases on the creativity often found in individuals with dyslexia and why these patterns of thinking outside the box are often the sources of later success in entrepreneurs.

15. **Other researchers at UCSF School of Medicine**: See their ongoing work at the Dyslexia Center, School of Medicine, University of California, San Francisco; e.g., Johns Hopkins pediatric neurologist Martha Denckla, personal correspondence, Fall 2015.
16. **reading developed with fewer problems**: U. Goswami, "How to Beat Dyslexia," *The Psychologist* 16, no. 9 (2003): 462–65.
17. **physiological and behavioral reasons**: See Wolf, *Proust and the Squid*, chaps. 4 and 5.
18. ***The Raising of America***: This important documentary on the topic, *The Raising of America*, 2016, produced by Christine Herbes-Sommers, shows the long-term deleterious effects of early deprivation, as well as the ameliorative ones of good early care.
19. **as complex a set of knowledge bases**: See the comment in L. C. Moats, *Teaching Reading* Is *Rocket Science* (Washington, DC: American Federation of Teachers, 1999).
20. **so-called Reading Wars**: See J. Chall, *Learning to Read: The Great Debate* (New York: McGraw-Hill, 1967), which analyzed the largest corpus of available data of different reading methods and concluded that code-based or phonics methods were better for most children. The debate about these methods has never abated and has long been referred to as the Reading Wars.
21. **federally funded research studies**: Many substantive overviews of this research have been the subject of multiple volumes over the last decade and a half, edited by past and present National Institute of Child Health and Human Development directors of research on reading and reading disabilities Peggy McCardle and Brett Miller. Other overviews have been the result of conferences on intervention research organized by the Dyslexia Foundation. See K. Pugh and P. McCardle, eds., *How Children Learn to Read: Current Issues and New Directions in the Integration of Cognition, Neurobiology and Genetics of Reading and Dyslexia Research and Practice* (New York: Psychology Press, 2009). See also P. E. McCardle and V. E. Chhabra, eds., *The Voice of Evidence in Reading Research* (Baltimore: Brookes Publishing, 2004); B. Miller, P. McCardle, and R. Long, eds., *Teaching Reading and Writing: Improving Instruction and Student Achievement* (Baltimore: Brookes Publishing, 2014); B. Miller, L. E. Cutting, and P. McCardle, eds., *Unraveling Reading Comprehension: Behavioral, Neurobiological, and Genetic Components* (Baltimore: Brookes Publishing, 2013).
22. **common core standards**: This topic is immensely important and complex and deserves far more than a cursory footnote. See the important work by individual states on this topic, e.g., California Common Core State Standards and Connecticut Common Core State Standards.
23. **"theoretical zombies"**: Seidenberg, *Language at the Speed of Sight*, 271.

24. **fluency**: See more comprehensive accounts of fluency in M. Wolf and T. Katzir-Cohen, "Reading Fluency and Its Intervention," *Scientific Studies of Reading* 5, no. 3 (2001): 211–38; T. Katzir, Y. Kim, M. Wolf, et al., "Reading Fluency: The Whole Is More than the Parts," *Annals of Dyslexia* 56, no. 1 (March 2006): 51–82.
25. **A decade of research**: R. D. Morris, M. W. Lovett, M. Wolf, et al., "Multiple-Component Remediation for Developmental Reading Disabilities: IQ, Socioeconomic Status, and Race as Factors in Remedial Outcome," *Journal of Learning Disabilities* 45, no. 2 (March–April 2012): 99–127; M. W. Lovett, J. C. Frijters, M. Wolf, et al., "Early Intervention for Children at Risk for Reading Disabilities: The Impact of Grade at Intervention and Individual Differences on Intervention Outcomes," *Journal of Educational Psychology* 109, no. 7 (October 2017): 889–914. See fuller descriptions of my group's intervention, the RAVE-O reading program, in M. Wolf, C. Ullman-Shade, and S. Gottwald, "The Emerging, Evolving Reading Brain in a Digital Culture: Implications for New Readers, Children with Reading Difficulties, and Children Without Schools," *Journal of Cognitive Education and Psychology* 11, no. 3 (2012): 230–40; M. Wolf, M. Barzillai, S. Gottwald, et al., "The RAVE-O Intervention: Connecting Neuroscience to the Classroom," *Mind, Brain, and Education* 3, no. 2 (June 2009): 84–93.
26. **fluent reading involves**: Please note the expansive work in Hebrew on fluency processes not only in reading but also in emotions by Tami Katzir and her colleagues in Haifa. Daniela Traficante and her PhD student Valentina Andolfi have done impressive work on intervention for fluent comprehension of Italian in the Eureka program, modeled after the RAVE-O program in English.
27. **"Education for world citizenship"**: M. C. Nussbaum, *Cultivating Humanity: A Classical Defense of Reform in Liberal Education* (Cambridge, MA: Harvard University Press, 1997), 69, 93.
28. **A large, ongoing initiative**: See overviews in C. E. Snow, "2014 Wallace Foundation Distinguished Lecture: Rigor and Realism: Doing Educational Science in the Real World," *Educational Researcher* 44, no. 9 (December 2015): 460–66; P. Uccelli, C. D. Barr, C. L. Dobbs, et al., "Core Academic Language Skills (CALS): An Expanded Operational Construct and a Novel Instrument to Chart School-Relevant Language Proficiency in Preadolescent and Adolescent Learners," *Applied Psycholinguistics* 36, no. 5 (September 2015): 1077–1109; P. Uccelli and E. P. Galloway, "Academic Language Across Content Areas: Lessons from an Innovative Assessment and from Students' Reflections About Language," *Journal of Adolescent & Adult Literacy* 60, no. 4 (January–February 2017): 395–404; P. Uccelli, E. P. Galloway, C. D. Barr, et al., "Beyond Vocabulary: Exploring Cross-Disciplinary Academic-Language Proficiency and Its Association with Reading Comprehension," *Reading Research Quarterly* 50, no. 3 (July–September 2015): 337–56.

第八封信 构建多元大脑

1. **"The depth of the challenge"**: L. Guernsey and M. H. Levine, *Tap, Click, Read: Growing Readers in a World of Screens* (San Francisco: Jossey-Bass, 2015), 39.
2. **65 percent of the jobs**: A. Ross, *The Industries of the Future* (New York: Simon and Schuster, 2016).
3. ***learned ignorance***: Originally written in 1440; see Nicholas of Cusa, *On Learned Ignorance*, trans. J. Hopkins (Minneapolis: Banning, 1985).
4. **By the time they reach adulthood**: See Ellen Bialystok's research, particularly E. Bialystok, F. I. M. Craik, D. W. Green, and T. H. Gollan, "Bilingual Minds," *Psychological Science in the Public Interest* 10, no. 3 (December 2009): 89–129.
5. **Rapid Alternating Stimulus**: M. Wolf and M. B. Denckla, "RAN/RAS: Rapid Automatized Naming and Rapid Alternating Stimulus Tests" (Austin, TX: Pro-Ed, 2005).
6. **groundbreaking work**: See C. Goldenberg, "Congress: Bilingualism Is Not a Handicap," *Education Week*, July 14, 2015; C. Goldenberg and R. Coleman, *Promoting Academic Achievement Among English Learners: A Guide to the Research* (Thousand Oaks, CA: Corwin, 2010); A. Y. Durgunoğlu and C. Goldenberg, eds., *Language and Literacy Development in Bilingual Settings* (New York: Guilford Press, 2011).
7. **Lev Vygotsky**: See L. Vygotsky, *Thought and Language* (Cambridge, MA: MIT Press, 1986).
8. **"guiding this peripatetic mind"**: M. Weigel and H. Gardner, "The Best of Both Literacies," *Educational Leadership* 66, no. 6 (March 2009): 38–41.
9. **"gnys at wrk"**: G. L. Bissex, *Gnys at Wrk: A Child Learns to Write and Read* (Cambridge, MA: Harvard University Press, 1985).
10. **write their thoughts by hand**: See, e.g., S. Graham and T. Santangelo, "A Meta-analysis of the Effectiveness of Teaching Handwriting," presentation, Handwriting in the 21st Century? An Educational Summit, Jan. 23, 2012. See also work by the neurologist William Klemm.
11. **"Every child should be given"**: M. U. Bers and M. Resnick, *The Official ScratchJr Book: Help Your Kids Learn to Code* (San Francisco: No Starch Press, 2015), 2–3.
12 **She and her team demonstrate**: C. Breazeal, "Emotion and Sociable Humanoid Robots," *International Journal of Human-Computer Studies* 59, nos. 1–2 (July 2003): 119–55.
13. **trying to confront the cognitive challenges**: M. Barzillai, J. Thomson, and A. Mangen, "The Influence of E-books on Language and Literacy Development," in *Education and New Techologies: Perils*

and Promises for Learners, ed. K. Sheehy and A. Holliman (London: Routledge, forthcoming); M. Wolf and M. Barzillai, "The Importance of Deep Reading," *Educational Leadership* 66, no. 6 (March 2009): 32–35.

14. **Thinking Reader program**: B. Dalton and D. Rose, "Scaffolding Digital Comprehension," in *Comprehension Instruction: Research-Based Best Practices*, 2nd ed., ed. C. C. Block and S. R. Parris (New York: Guilford Press, 2008), 347–61.
15. **UDL principles**: D. H. Rose and A. Meyer, *Teaching Every Student in the Digital Age: Universal Design for Learning* (Alexandria, VA: ASCD, 2002).
16. **the program incorporates**: Members of the CAST team describe a continuum of forms of support that "provide access to the content (e.g., a struggling reader may use Text to Speech support to have the text read aloud via synthetic voice or view a multimedia definition) or additional information needed to comprehend the text (e.g., an ELL may hear a word pronounced, learn the Spanish translation for that word, and write a personal association with the word)." See A. Meyer, D. Rose, and D. Gordon, *Universal Design for Learning*, (Warefield, MA: CAST Professional Publishing), 2014.
17. **One of the consistent cautions**: See S. Lefever-Davis and C. Pearman, "Early Readers and Electronic Texts: CD-ROM Storybook Features That Influence Reading Behaviors," *The Reading Teacher* 58, no. 5 (February 2005): 446–54.
18. **MacArthur Foundation**: See the extensive reports on digital tools and activities sponsored by the MacArthur Foundation Reports on Digital Media and Learning; e.g., C. N. Davidson and D. T. Goldberg, *The Future of Learning Institutions in a Digital Age* (Cambridge, MA: MIT Press, 2009); J. P. Gee, *New Digital Media and Learning as an Emerging Area and "Worked Examples" as One Way Forward* (Cambridge, MA: MIT Press, 2009); M. Ito, H. A. Horst, M. Bittanti, et al., *Living and Learning with New Media: Summary of Findings from the Digital Youth Project* (Cambridge, MA: MIT Press, 2009); C. James, *Young People, Ethics, and the New Digital Media: A Synthesis from the GoodPlay Project* (Cambridge, MA: MIT Press, 2009); H. Jenkins, *Confronting the Challenges of Participatory Culture: Media Education for the 21st Century* (Cambridge, MA: MIT Press, 2009).
19. **"digital wisdom"**: J. Coiro, "Online Reading Comprehension: Challenges and Opportunities," *Texto Livre: Linguagem e Tecnologia* 7, no. 2 (2014): 30–43.
20. **have never been given training**: Guernsey and Levine, *Tap, Click, Read*, 233.
21. **A fascinating study**: As discussed by me in *Tales of Literacy*, I am wondering whether Coiro's data are showing the emergence of two differently formed reading circuits. See J. Coiro, "Predicting Read-

ing Comprehension on the Internet: Contributions of Offline Reading Skills, Online Reading Skills, and Prior Knowledge," *Journal of Literacy Research* 43, no. 4 (2011): 352–92.

22. **For slightly older children**: See S. Vaughn, J. Wexler, A. Leroux, et al., "Effects of Intensive Reading Intervention for Eighth-Grade Students with Persistently Inadequate Response to Intervention," *Journal of Learning Disabilities* 45, no. 6 (November–December 2012): 515–25.
23. **audiobooks**: See M. Rubery, *The Untold Story of the Talking Book* (Cambridge, MA: Harvard University Press, 2016).
24. **video games**: See J. Gee, *What Video Games Have to Teach Us About Learning and Literacy* (New York: Palgrave Macmillan, 2003). See also the extensive reports on digital games and activities sponsored by the MacArthur Foundation Reports on Digital Media and Learning: e.g., Gee, *New Digital Media and Learning as an Emerging Area and "Worked Examples" as One Way Forward*; Ito et al., *Living and Learning with New Media*; C. James, *Young People, Ethics, and the New Digital Media*; J. Kahne, E. Middaugh, and C. Evans, *The Civic Potential of Video Games* (Cambridge, MA: MIT Press, 2009).
25. **Meta-analyses of studies**: A. C. K. Cheung and R. E. Slavin, "The Effectiveness of Education Technology for Enhancing Reading Achievement: A Meta-analysis," Center for Research and Reform in Education, Johns Hopkins University, May 2011; A. C. K. Cheung and R. E. Slavin, "How Features of Educational Technology Applications Affect Student Reading Outcomes: A Meta-analysis," *Educational Research Review* 7, no. 3 (December 2012): 198–215; A. C. K. Cheung and R. E. Slavin, "The Effectiveness of Educational Technology Applications for Enhancing Mathematics Achievement in K–12 Classrooms: A Meta-analysis," *Educational Research Review* 9 (June 2013): 88–113; Y-C. Lan, Y-L. Lo, and Y-S. Hsu, "The Effects of Meta-cognitive Instruction on Students' Reading Comprehension in Computerized Reading Contexts: A Quantitative Meta-analysis," *Journal of Educational Technology & Society* 17, no. 4 (October 2014): 186–202; Q. Li and X. Ma, "A Meta-analysis of the Effects of Computer Technology on School Students' Mathematics Learning," *Educational Psychology Review* 22, no. 3 (September 2010): 215–43.
26. **"use of the computer may have widened"**: See S. White, Y. Y. Kim, J. Chen, and F. Liu, "Performance of Fourth-Grade Students in the 2012 NAEP Computer-Based Writing Pilot Assessment: Scores, Test Length, and Editing Tools," working paper, Institute of Education Sciences, Washington, DC, October 2015.
27. **Children who have less exposure**: See discussion by Stephanie Gottwald and myself about the nonliterate child in chap. 3 of *Tales of Literacy for the 21st Century* (Oxford, UK: Oxford University Press, 2016).

28. **"Opportunity for All?"**: V. Rideout and V. S. Katz, "Opportunity for All?: Technology and Learning in Lower-Income Families," Joan Ganz Cooney Center at Sesame Workshop, New York, 2016.
29. **two different kinds of digital gaps**: Ibid.; H. Jenkins, *Confronting the Challenges of Participatory Culture: Media Education for the 21st Century* (Cambridge, MA: MIT Press, 2009).
30. **"access is no longer"**: Rideout and Katz, "Opportunity for All?," 7.
31. **one of the most discouraging**: Cited in Guernsey and Levine, *Tap, Click, Read.*
32. **Curious Learning**: See M. Wolf et al., "The Reading Brain, Global Literacy, and the Eradication of Poverty," *Proceedings of Bread and Brain, Education and Poverty* (Vatican City: Pontifical Academy of Social Sciences, 2014); M. Wolf et al., "Global Literacy and Socially Excluded Peoples," *Proceedings of the Emergency of the Socially Excluded* (Vatican City: Pontifical Academy of Social Sciences, 2013).
33. **Adult Literacy XPRIZE**: https://adultliteracy.xprize.org.
34. **children with the flexible**: C. Suárez-Orozco, M. M. Abo-Zena, and A. K. Marks, eds., *Transitions: The Development of the Children of Immigrants* (New York: New York University Press, 2015). See the extensive work cited in Letter Seven.
35. **"Our only world"**: W. Berry, *Our Only World: Ten Essays* (Berkeley, CA: Counterpoint, 2015).
36. **"The future—any future"**: P. A. McKillip, *The Moon and the Face* (New York: Berkley, 1985), 88.
37. **"I can, with one eye squinted"**: B. Gooch, *Flannery: A Life of Flannery O'Connor* (New York: Little, Brown and Company, 2009), 229.

第九封信 回归本心

1. **"To read, we need"**: D. L. Ulin, *The Lost Art of Reading: Why Books Matter in a Distracted Time* (Seattle, WA: Sasquatch Books, 2010), 34, 16, 150.
2. **"Past a certain scale"**: W. Berry, *Standing by Words: Essays* (Washington, DC: Shoemaker & Hoard, 2005), 60–61.
3. **a good society has three lives**: Aristotle, *The Nicomachean Ethics*, trans. H. Rackham (New York: William Heinemann, 1926).
4. **understanding of *leisure***: J. Pieper, *Leisure: The Basis of Culture* (San Francisco: Ignatius Press, 2009).
5. **life of contemplation**: These are thoughts elaborated upon in this century by the theologian John Dunne. See, e.g., J. S. Dunne, *Love's Mind: An Essay on Contemplative Life* (Notre Dame, IN: University of Notre Dame Press, 1993).
6. **"holding ground"**: This term is used by Philip Davis in *Reading and the Reader* (Oxford, UK: Oxford University Press, 2013).

7. **"indifference toward meditative thinking"**: M. Heidegger, *Discourse on Thinking* (New York: Harper, 1966), 56.
8. **"Digital media trains us"**: T. Wayne, "Our (Bare) Shelves, Our Selves," *New York Times*, Dec. 5, 2015.
9. **"Readers know . . . in their bones"**: S. Wasserman, "The Fate of Books After the Age of Print," Truthdig, March 5, 2010, http://www.truthdig.com/arts_culture/item/steve_wasserman_on_the_fate_of_books_after_the_age_of_print_20100305/. Also in a different version in *Columbia Journalism Review*.
10. **interview by Charlie Rose**: Charlie Rose, interview, PBS, January 27, 2017.
11. **"Where is the wisdom"**: T. S. Eliot, *Four Quartets* (New York: Harcourt, Brace & Company, 1943), 59.
12. **"rhythm of time"**: I. Calvino, *Six Memos for the Next Millennium* (Cambridge, MA: Harvard University Press, 1988), 54.
13. **Mrs. Ramsay**: I would like to thank Andrew Piper in *Book Was There* for reminding me of the powerful example of reading in Virginia Woolf's novel *To the Lighthouse* (London: Hogarth Press, 1927).
14. **Few historical individuals better illumine**: I also include here Etty Hillesum, whose account of a concentration camp is extraordinary; see *An Interrupted Life: The Diaries and Letters of Etty Hillesum, 1941–1943*, introduction by J. G. Gaarlandt, trans. A. J. Pomerans (New York: Pantheon Books, 1984).
15. **"Your prayers and kind thoughts"**: Quoted in E. Metaxas, *Bonhoeffer: Pastor, Martyr, Prophet, Spy* (Nashville: Thomas Nelson, 2010), 496.
13. **"he always seemed to me"**: Ibid., 514, 528.
17. **the Reader Organisation**: I am reminded of the powerful contributions by prison volunteers such as the Reader Organisation in England that do the work of rehabilitating prisoners our society often doesn't, as well as helping the elderly and struggling students.
18. **"a contentment and joy unparalleled"**: Personal interview, Providence, RI, 2014. See also B. Stiegler, Goldsmith Lectures, Lecture 1, 2013.
19. **"The place of stillness"**: Quoted in L. Grossman, "Jonathan Franzen: Great American Novelist," *Time*, Aug. 12, 2010.
20. **"I do believe"**: M. Robinson, *The Givenness of Things: Essays* (New York: Farrar, Straus and Giroux, 2015), 176, 187.
21. **"hinge moment"**: Quoted in S. Wasserman's "The Fate of Books after the Age of Print," *Truthdig*, March 5, 2010.
22. **"It would be catastrophic"**: M. Nussbaum, *Cultivating Humanity: A Classical Defense of Reform in Liberal Education* (Cambridge, MA: Harvard University Press, 1997), 300–01.
23. **"If we look more closely"**: From *Letters and Papers from Prison*. First published in 1951, the English translation was published by

Touchstone Press in 1997. It is important to note that the first three words in the original title in German, *Widerstand und Ergebung: Briefe und Aufzeichnungen aus der Haft*, were left out in the English translation and describe the importance of taking a stand against the moral depravity in Nazism. I translate these words as Resistance and Resolution, though *Ergebung* also connotes what results from or develops out of taking an opposing stand of resistance.

24. **"The delicate game of democracy"**: U. Eco and C. M. Martini, *Belief or Nonbelief? A Confrontation* (New York: Arcade Publishing, 2012), 71.
25. **a democracy succeeds only**: N. Strossen, *Hate: Why We Should Resist It with Free Speech, Not Censorship* (New York: Oxford University Press, 2018).
26. **The vacuum that occurs**: Throughout time demagogues and their loyalists have known the power of instilling fear, for those who fear make irrational choices about irrational fears. See the essay "Fear," *New York Review of Books*, Sept. 24, 2015, in which Marilynne Robinson wrote that fear can become an addiction. At the Nuremberg trials, Hermann Göring told the court that all one had to do to control any nation anytime was first to instill fear in the population and then to call anyone who disagreed a traitor. In our time, too many people call anyone who poses a threat to their views a liar. Whether the twentieth, the twenty-first, or any other century, when opposing ways of thinking are silenced, the "collective conscience" is gradually extinguished.
27. **combining of our highest intellectual**: See a different direction of work on empathy from the perspective of "reciprocal altruism" by Margaret Levi in "Reciprocal Altruism," Edge.org, Feb. 5, 2017, https://www.edge.org/response-detail/27170. She concludes, "Recognition of the significance of reciprocal altruism for the survival of a culture makes us aware of how dependent we are on each other. Sacrifices and giving, the stuff of altruism, are necessary ingredients for human cooperation, which itself is the basis of effective and thriving societies." See also her book with John Ahlquist *In the Interest of Others* (Princeton, NJ: Princeton University Press, 2013).
28. **"Wisdom, I conclude"**: J. S. Dunne, *The House of Wisdom: A Pilgrimage* (New York: Harper & Row, 1985), 77. I see this passage as the modern complement to the line from Psalm 90: "Teach us to number our days that we may turn our hearts to wisdom."
29. **"There is always a 'feeling'"**: C. Taylor, *The Language Animal: The Full Shape of the Human Linguistic Capacity* (Cambridge, MA: Belknap Press, 2016), 177. Please note that I have changed the translation in Taylor of the word *Laut*. Although it is rightly translated as "sound," I believe it is closer to Humboldt's intended meaning to use "speech."

30. **"possessing a language"**: Ibid.
31. **"the end of [the author's] wisdom"**: M. Proust, *On Reading*, ed. J. Autret, trans. W. Burford (New York: MacMillan, 1971; originally published 1906), 35.
32. **"Word-work is sublime"**: T. Morrison, "Nobel Lecture," Dec. 7, 1993, https://www.nobelprize.org/nobel_prizes/literature/laureates/1993/morrison-lecture.html.
33. **"act of resistance"**: Ulin, *The Lost Art of Reading*, 150.
34. **"endless forms most beautiful"**: From the beautiful quote in *On the Origin of Species* (1859): "There is grandeur in this view of life, with its several powers, having been originally breathed into a few forms or into one; and that, whilst this planet has gone cycling on according to the fixed law of gravity, from so simple a beginning endless forms most beautiful and most wonderful have been, and are being, evolved" (p. 490).